輝く未来へのヒント

知的青春のすすめ

大川隆法

Ryuho Okawa

まえがき

私は、若い人たちがコツコツと努力している姿を見るのが好きだ。喫茶店や電車の中、街角《まちかど》の思いがけない場所で本を読んでいたり、英語の勉強をしていたり、辞書を引いたりしている若者を見かけると、「頑張《がんば》れ！　頑張れ！」と思わず声が出そうになってしまう。劣等感《れっとうかん》で打ちしおれている青年を見かけると、「努力と、不退転《ふたいてん》の根性《こんじょう》と、少しばかりの勇気が道を切り拓《ひら》くんだよ。」と言ってあげたくなる。「頭が良いとか、才能があるかなんて、単《たん》なる結果論《けっかろん》にしか過ぎないんだよ。」と教えたくなる。

実際、悔《くや》しさをバネにして成功した人たちがほとんどなのだ。ごうごうたる非《ひ》難《なん》の嵐《あらし》の中で、信念を曲げずに精進《しょうじん》をし続けた者のみが、本物のキラメキを放《はな》つようになるのだ。本書『知的青春のすすめ』には、数限りない実話がその背景《はいけい》にあることを知ってほしい。

二〇〇九年　四月

幸福《こうふく》の科学総裁《かがくそうさい》　大川隆法《おおかわりゅうほう》

知的青春のすすめ

目次

第1章

ほんとうの「頭の良さ」を考える

第2章

「行動力」を身につけるための工夫《くふう》

第3章　〝自分〟の価値《かち》を再発見《さいはっけん》するには

第4章

学生時代に読んでおきたい本

第5章　勉強や仕事に意義を見いだす

第6章　高学歴女性の生き方とは

第7章 知的青春へのヒント

Q3 日本の若者《わかもの》に必要な心構《こころがま》え 245

Q4 説得力を磨《みが》くコツ 258

本書の第1章～第6章は、幸福の科学青年会員との座談会にて、
質問に答えたものです。

第1章

ほんとうの「頭の良さ」を考える

What is True Intelligence?

質問

「頭の良し悪《あ》し」について質問があります。頑張《がんば》って勉強しても、なかなか成績が伸《の》びない人と、要領《ようりょう》が良く、生まれつき頭が良い人がいるように思えます。

頑張ってもなかなか成果が出ない人に対して、アドバイスをお願いします。

1

「頭の良し悪《あ》し」は、そう簡単《かんたん》には分からないもの

「頭の良し悪《あ》し」って、そう簡単《かんたん》には分からないですよね。誰《だれ》であろうと、やはり分からないんです。

分からないから、結局、今は、偏差値《へんさち》だとか、大学名の〝ブランド〟だとか、そういうもので見るし、同じ学校のなかで差をつけるとしたら、成績《せいせき》の上下で見るぐらいしか方法がないので、いちおう、それで判断《はんだん》するわけです。

企業《きぎょう》も、学生の頭の良し悪しなんて、ほんとうは分からないので、第一段階《だんかい》では、「どの大学の人か」ということで十把《じっぱ》一絡《ひとから》げに見て、あとは学校の成績を見るぐらいしかありません。人事の面接《めんせつ》をしても、ほんとうに頭が良いのか

自己イメージの形成

どうか分からないんですね。

口下手《べた》な人もいれば、雄弁《ゆうべん》な人もいて、人というのは、一回会って面接したぐらいでは、そんなに簡単には分からないので、結果的に外見のブランドのようなもので見るんです。

「頭の良し悪《あ》し」のイメージは、長年の自己《じこ》確認《かくにん》でできてくる

また、自分の頭の良し悪《あ》しは、自分でも分からないから、学校名や成績《せいせき》などで自己《じこ》イメージを形成するんですよね。

「自分はこういう学校を出た」「この学部を出た」「成績がこうだった」とか、そういうことをいつも頭のなかで反芻《はんすう》し、自己イメージを確認《かくにん》しているんです。

二十代だったら、まだ数年しか、そうしてはいないかもしれないけれども、年を取っていき、三十、四十、五十、六十と年齢《ねんれい》が上がっていく間に、何十年も、これを頭のなかで繰《く》り返し反芻していると、だんだん自己イメージとして刷《す》り込《こ》まれてきます。そして、「自分は頭が悪いんだ」とか、「このくらい頭がいいんだ」とか、こういうイメージが強くなってくるんです。

特に特徴的《とくちょうてき》なのが、お医者さんですね。

お医者さんは、学歴のようなものに、ものすごく敏感《びんかん》で、五十歳《さい》を過《す》ぎても六十歳になっても、まだ偏差値《へんさち》社会のなかで生きている感じなんです。「どの大学の医学部を出たか」ということで、だいたい序列《じょれつ》が決まっています。それは何十年も前の話なんですけれどもね。

医者同士が話をする場合でも、「医者として、どれだけ実績をあげたか」ということよりも、まずお互《たが》いに学歴を見て、まるで「どちらの犬が強いかを、『ウーッ』と唸《うな》ってみて決める」みたいな（笑）ところがあります。

「頭の良さ」は結果論

結局、長年、自分で自己確認をしているので、イメージが出来上がっているんですよね。

確かに「頭の良し悪し」というものはあるのかもしれません。ただ、私もずいぶん長い間考えたけれども、「頭の良さ」とは、どうしても結果論《けっかろん》でしかないような感じがして、しかたがないんです。いくら学歴が高くても、「結果」がよくなかったら、遡《さかのぼ》って、「やはり、生まれつき頭が悪かったのだ」ということになるんですよね。

ほんとうの「頭の良さ」は試験だけでは判定《はんてい》できない

だから、ほんとうの「頭の良し悪《あ》し」は、必ずしも、一回ぐらいのテストだ

ペーパーテストで測れないもの

（例）
- 雄弁さ
- 企画力
- 性格

けでは判定《はんてい》できないことが多いのです。

「人の知能因子《ちのういんし》は百二十ぐらいあるけれども、実際《じっさい》に測《はか》れるのは、そのうちの七十ぐらいであり、あとの五十は測れない」などと言われているようですね。そのようなことが、有名な進学塾《じゅく》の宣伝《せんでん》にも書いてあったけれども、知能因子にも試験で測れないものがあるのです。

それ以外にも、例えば、社会に出たら役に立つ「雄弁《ゆうべん》さ」というものは、ペーパーテストでは測れません。また、いろいろなことを思いつく「企画力《きかくりょく》」というのも測れないんですよね。

時間無制限の勝負

それから、「性格《せいかく》」もテストでは測れません。一時間か二時間の試験で、その人の性格が判定できるかというと、やはりできないわけです。

社会に出てから成果を出すタイプとは

昔、明治《めいじ》・大正期《たいしょう》ぐらいの東大では、例えば数学の試験が朝の九時から始まったとすると、問題を解《と》くために夜中まで粘《ねば》ってもかまわなかったのです。だから、守衛《しゅえい》さんが、「もう、いいかげんに帰ってくれないか」と言うぐらい、延々《えんえん》と何時間も問題を解いている猛者《もさ》がいたようです（笑）。帰ってくれないんですよね、制限《せいげん》時間がないので。

けれども、現実《げんじつ》には、ほんとうに数学者になって活躍《かつやく》するような人というのは、一日どころではなくて、何年も考え続けるんですよね。一つの問題を何年も何年も考え続けて解法《かいほう》を出すんです。

そうやって成果を出す能力というのは、ほんとうは、一時間か二時間の間に答えを出せる能力とは少し違《ちが》うものがあるのです。確《たし》かに、「何時間考えてでも、根性《こんじょう》で答えを出す」というのは、それなりに偉《えら》いものだと思います。

今は成果を時間で測《はか》ることが多いから、一定の時間内に正確に処理《しょり》できる能力は測定《そくてい》しやすいけれども、そうでないタイプの能力は、やはり測りにくいのです。

「一定の時間内に必ず処理しなくてはいけない」という反射神経的《はんしゃしんけいてき》な頭脳《ずのう》を鍛《きた》えた人は、確かに優秀《ゆうしゅう》に見えます。

ところが、実社会に出ると、時間に制限があるものと、ないものとが出てきます。こうした〝時間無制限の勝負〟に入ってくると、やはり、「独創的《どくそうてき》な人」とか、「自分なりの工夫《くふう》をする人」とか、「延々と継続的《けいぞくてき》にやる人」とかが、けっこう成果を出してくることがあるのです。

超一流と一流の違い

そのため、結果だけを見て、良い結果を収《おさ》める人を「頭が良い」と判断《はんだん》するのであれば、学校時代の「頭の良し悪《あ》し」の判定が引っ繰《く》り返ってくることがあるんですよね。

そういう意味で、私も、「簡単《かんたん》にあきらめないほうがいいですよ。将来《しょうらい》どうなるか分からないですよ」と言っているんです。

ある分野で超《ちょう》一流の人には、才能《さいのう》の「いびつ」な人が多い

それと、一つの分野において突出《とっしゅつ》した才能《さいのう》を持っている人の場合、ほかの分野では、そんなにデキないことが多いんですよね。何かの分野で超《ちょう》一流まで行くような人の頭脳《ずのう》というのは、バランスの悪いことが多くて、「ほかのものも

満遍《まんべん》なくできる」というケースはあまりないんですよ。

超一流まで行かない、一流ぐらいのレベルでしたら、「どの科目もできる」という人は割合《わりあい》います。これは、どの世界に進んでも、ある程度《ていど》のところまでは行くタイプですよね。でも、何かで超一流まで行く人というのは、だいたい、ものすごく才能がいびつなんです。

例えば、英語ができる秀才《しゅうさい》は、日本国中に一定の数はいると思うんですよ。そういう秀才の「英語ができる」というレベルは、どのくらいかというと、学校の先生になる場合もあるかもしれないけれども、だいたい、いい会社に入ったら部長ぐらいまでは出世できるほどの能力です。一流の秀才のレベルって、だいたい、そのあたりのレベルなんです。

一流会社、名の知れた会社の部長ぐらいまで出世できるほどの人というのは、だいたい、各科目とも満遍なく、秀才と言えるレベルまで点数が取れるような、バランスのある能力を持っているんです。

天才肌の仕事をする

そういう人たちも英語ができますよ。学校のテストだったら、百点満点で九十点以上を取るぐらい能力があるでしょう。

ただ、同じ「英語ができる」という人でも、例えば、一生かかって英語の辞書をつくるような人がいますよね。

何十年もかけ、頑張《がんば》って、英和辞典とか和英辞典とかをつくるような根性型《こんじょうがた》の人、あるいは、国語辞典でも、『広辞苑《こうじえん》』風の大きな辞典を、何十年もかけて編纂《へんさん》していくようなタイプの人は、ほんとうに、それだけがものすごく好きなんです。

英語なら英語の、いろいろな表現《ひょうげん》とか単語が、とにかく好きで好きで、そういうものを集めている人とか、国語だったら、日本語の言葉の種類などに、ものすごく関心が深くて、とにかく寝《ね》ても覚《さ》めてもそれに〝取り憑《つ》かれている〟ようなタイプの人が、そうしたレベルまで行くんです。

こういう人たちは、社会に出て、普通《ふつう》の出世コースで一定のレベルまで出世するタイプではなく、特殊《とくしゅ》なルートで、その才能が生かされたときに、天才肌《はだ》の仕事をすることがあるタイプの人たちですよね。

だから、総合的な評価をされると、例えば大学入試で落ちることもあるし、あるいは、役人のように、何でもできるタイプの能力を要求されると、その入り口のところで入れないことが多いのです。

いわゆる「オタク」に近いのかもしれません。ただ、「オタク」という場合には、もう少し生産性のないケースも多いと思いますが、生産的な仕事をした人であっても、何か特異《とくい》なレベルまで行く人には、「オタク」のようなところがあるのです。だから、そういう人と秀才タイプとを比《くら》べたときに、「どちらの頭が良いのか」と訊《き》かれても、一言《ひとこと》では答えにくいですよね。

だから、「頭の良し悪《あ》し」というのは、結果的には、やはり、その人が一生で出した業績《ぎょうせき》や成果などを見て判断《はんだん》するしかないんです。

対人関係での頭の良さ

勉強での成績とは違《ちが》う意味での「頭の良さ」とは

また、別な意味の頭の良さもあります。

例えば、対人関係で、「人を見抜《みぬ》く能力《のうりょく》」のようなものがある人は、やはり、ある意味で頭がいいですよね。

客筋《きゃくすじ》とか、商売相手や取引相手の考えていることとかを見抜くような人。あるいは、交渉力《こうしょうりょく》があったり、相手が求めているサービスが提供《ていきょう》できたりするような人。店に来たお客さまについて、「この人の収入《しゅうにゅう》は、だいたいこのくらいで、たぶん、こんなものをお好きだろう」というようなことが、すっと分かるタイプの人。こういう人は、ある意味で頭がいいわけです。

対人関係での頭の良さ

（例）・人を見抜く能力
・交渉力
・相手が求めるものを提供する能力

それは、勉強ができることとは違《ちが》った頭の良さです。勉強ができても、対人関係において、そういう能力がある人もいれば、ない人もいるんですよね。両方います。

だから、「頭の良さ」といっても、明確《めいかく》な基準《きじゅん》はないんです。

世間一般《いっぱん》で言っているのは、「その人の過《か》去《こ》を見て判断《はんだん》するしかない。履歴書《りれきしょ》に書くようなもので判断するしかない」ということです。けれども、実際《じっさい》は、実社会に出るといろいろな実績《じっせき》が出てくるので、その結果を見て、「頭が良いかどうか」ということが、過去に遡《さかのぼ》って判定されるようになるんですよね。

文化的な遺伝子

好きなことのなかに、その人の本領《ほんりょう》がある

だから、「頭の良し悪《あ》し」というのは、あまり思い込《こ》みが強過《つよす》ぎると損《そん》をすることもあるかなあと思います。

「どの道であっても、努力すると、一定のレベルには上がっていく」というのは、ほんとうのことです。語学が得意な人もいれば、理数系《りすうけい》の科目が得意な人もいますが、「嫌《きら》いなことは長くは続けられないので、好きなことのなかに本領《ほんりょう》がある」ということは言えますね。

それから、私の高校時代の古文の先生は、「国語というのは不思議な科目で、生まれつき、できる人はできるんですよね。家系、血統《けっとう》なんです」などと無責《むせき》任《にん》なことを言っていました（笑）。

たぶん、そういう血統はあるのかもしれませんが、それは、たいていの場合、親が、本好きでよく読書をする人だったり、作家など本を書く人を尊敬《そんけい》していたりして、その人の子供時代《こども》に、知的な会話が家庭でなされていることが多いからではないかと思うんです。

そういうことは学校の先生には分からないので、それが、その人の持って生まれた「生物学的な遺伝子《いでんし》」に基づくのか、「文化的な遺伝子」によるものなのか、その判定《はんてい》には、難《むずか》しいものがありますね。

ただ、やはり、「小説家の家系には小説家が生まれやすい」「政治家《せいじか》の家系には政治家が生まれやすい」などということはあります。

政治家の家に生まれた人は、子供時代から、親が政治活動をしている姿《すがた》を見て、「政治家って、こんなふうにやるんだ」ということを学ぶので、サラリーマン家庭に育った人に比《くら》べれば、やはり、立っているスタートラインが違《ちが》うのは当たり前ですよね。

幼少期の環境

　また、学者の家に生まれたら、やはり、家のなかに本がたくさんあるのは当然に思うでしょうね。

　だから、その意味では、環境要因《かんきょうよういん》から見ればフェアではないんです。

　ただ、そういうものが何もなくても、異常《いじょう》に何かが好きで、それに打ち込むような人は、やはり、何か生まれつきの才能《さいのう》がある可能性《かのうせい》はありますね。

音楽や言語では、ある程度《ていど》、早期の訓練が必要なこともある

　それと、音楽の場合は、ある意味で幼少期《ようしょうき》の環境《かんきょう》が影響《えいきょう》するらしく、「小さいうちに音楽教育を受けていなければ、そのあと訓練しても、超《ちょう》一流のレベルまでは絶対《ぜったい》に行かない。小学校に上がるぐらいまでの間に、少しでも音楽をや

っておかないと、絶対音感が身につかない」と言われています。

松本清張《まつもとせいちょう》の小説で、「幼少期に親と共に放浪《ほうろう》していて、特別な音楽教育など受けていなかった人が、成人後、優秀《ゆうしゅう》な音楽家になる」という話があるようなんですが、それに対して、ある評論家《ひょうろんか》が、「そういうことはありえない。小学校に上がるまでの間に、ピアノなり何なりで音楽をやっていないかぎり、絶対音感が身につくことは、まずないのだ。大きくなってから訓練したのでは絶対音感が身につかないので、その設定《せってい》は間違《まちが》いだ」というような指摘《してき》をしているのを読んだことがあります。

そういうふうに、ある程度《ていど》、早期の訓練をしなくてはいけないものもあると思います。

また、英語では、早期の訓練をすれば、やはり、聴《き》き取りや発音が良くなるのは確《たし》かです。でも、すぐに忘れるんですよね。幼児のころに英会話を学ぶと、中学に入った当初はいいんですけれども、たいていの場合、中学一年の一年間

適切な時期に、適切な訓練を

で、中学校に入学してから勉強を始めた人に追いつかれてしまうんですね。それで、がっかりすることが、けっこう多いのです。

やはり、語学の学習においても、その特徴《とくちょう》として、「継続《けいぞく》しないかぎり駄目《だめ》だ」というところがありますね。

それと、「オオカミに育てられた少女」の話もあります。オオカミに育てられたとされる少女が二人いて、両方とも、人間に引き取られたあと早死にしましたけれども、人間が引き取ってからも、四つ足で走ったりしていたそうです。

また、人間が引き取って育てても、「言葉は百語も覚えることができなかった」ということです。これを見ると、言語についても、やはり、「幼少期に教わらないと、人間の言葉を話せるようには、なかなかならない」ということですよね。サルよりは少しましかというレベルまでしか行かないので、「言葉を話すためには、幼《おさな》いころに必要な学習期間が、どうもあるらしい」ということが分かりますよね。そのころに、四つ足で走ることを覚えたら、やはり四つ足で走るようになるらしいのです。

このように、「訓練」と「頭の良さ」のところには、微妙《びみょう》に難《むずか》しい関係があります。やはり、「適切《てきせつ》な時期に、適切な訓練を受けたかどうか」というのは大事なことなんですね。

頭の良さは、その人が一生で出した「業績」や「成果」を見て判断するしかありません。

第2章

「行動力」を身につけるための工夫《くふう》

Be a Person of Action

質問

大川隆法総裁が、学生時代において、行動力を身につけるために、工夫されたことや心掛《こころが》けられたことがあれば、教えてください。

2

「私は、どうやら体育会系《けい》だったらしい」と五十歳《さい》を過《す》ぎて自覚した

「学生時代」というものを、どのくらいの幅《はば》で見るかにもよりますが、「大学時代」と見るのであれば、私の場合、行動力は、ほぼゼロに等しかったと思います（笑）。

生活に必要な最小限度《さいしょうげんど》しか移動《いどう》していなくて、それ以外に、義理《ぎり》で動くようなことはまずなかったので、行動力は、ほぼゼロに近かったと言えます。生活する上での最低限度で、だいたい同じパターンの動きしかしていなかったのです。

もっと前まで遡《さかのぼ》るとしたら、自分としては自覚していなかったことなんです

主観との違い

が、「私は、どうやら体育会系《けい》だったらしい」ということを、最近、五十歳《さい》を過《す》ぎて初めて自覚したんですね（笑）。それまでは考えたこともなかったのですが、どうも体育会系だったようなんです。

東京に住んで子育てをし、子供《こども》が大学に上がるぐらいまで見て、初めて、「ああ、自分は体育会系だったんだ」ということが分かったんです。

そのときは、ちょっとショックでしたね（笑）。個人的《こじんてき》な主観では、もう少し「勉強の虫」だったように思っていたので、ある意味では悲しかったのです。

週に六日ないし七日、部活をする生活が普通《ふつう》だと思っていた

私の親の話と自分の記憶《きおく》とを総合《そうごう》すると、私は小学校五年生ぐらいまで、ソ

ってフトボールを毎日やっていたようですし、六年生のときは友達《ともだち》と卓球《たっきゅう》を毎日やっていました。

当時、地元徳島県《とくしまけん》の川島警察署《かわしまけいさつしょ》では、卓球台を無料で開放していたんです。私は川島小学校時代、卓球部のキャプテン（部長）だったんですが、「なぜ卓球が強かったのかな」と考えてみると、「毎日、警察署へ行って卓球をやっていたからだ」ということに思い当たりました（笑）。

そして、中学時代はテニス部でした。月曜日から土曜日まではテニスの練習があり、日曜日には試合があったので、考えてみれば、週七日、テニスをやっていたことになります。試合のない日曜日もあったので、必ずしも週七日全部とは言えないけれども、そういう生活が普通《ふつう》だと思っていたんです。

ところが、東京に来てから、「東京では、どうもそうではないらしい」ということが分かってきました。東京の進学校では、文化部にしか入らなかったり、運動部であっても、週一日だけ、あるいは週二日か三日に限《かぎ》られていたりする

塾と部活の両立

ことが多いようです。

それでも、学校のあとで塾《じゅく》があるので、どうしても部活は続かなくなっていきます。

公立中学に行っている子供《こども》でも、塾の先生からは、「部活をやめなければ、高校受験ができなくなりますよ」「部活をやめなければ、たいてい、塾をやめることになりますよ」などと言われます。そして、やはり、その言葉のとおり、両立できなくなっていき、部活をしていると高校受験ができなくなるようなことが起きています。

けれども、私は、中学時代には、週に六日か七日は部活をやっていましたし、夏休みなどには、一日に二回も練習をしていました（笑）。

夏は暑いので、朝は日の出とともに四時か五時ごろに起きて、周りが明るくなってきたころ、まだ涼《すず》しいうちに練習を始めます。そして、十時ごろ、暑くなってきたところで、いったん休むのですが、三時を過《す》ぎて夕方になり、涼しくなってきたら、もう一回、練習をします。そのように、夏休みにはテニスの練習を一日に二回転やっていたのです。

教室でもタオルを振《ふ》って剣道《けんどう》の練習をした高校時代

高校に入ってからは剣道部《けんどうぶ》に入部したのですが、剣道は初めてだったので、最初は後れをとったんですよ。

中学校時代のテニスの場合は、後れがなかったんです。田舎《いなか》のほうなので、小学校からテニスをしている人はいなかったからです。それで、中学に入ってから、みんな一緒《いっしょ》にテニスを始めたため、私はキャプテンができたんです。

それでも、部員が五十人ぐらいのテニス部のキャプテンですから、おそらく、

「少年剣士」たちに追いつく

それほど下手《へた》ではなかっただろうと思います。都会と違《ちが》って田舎なので、中卒で就職《しゅうしょく》する子もいて、勉強嫌《ぎら》いで運動だけしていたような体力派《は》もいたのです。したがって、テニスがうまかったことは、うまかったのだろうと思います。コントロール重視《じゅうし》でうまかったんです。

そして、高校で初めて剣道をやったのですが、これは、同じ高校に通っている、隣町《となりまち》の一年上の先輩《せんぱい》に、無理やり誘《さそ》われたんです。毎朝、汽車やバスのなかで「剣道部に入れ」と勧誘《かんゆう》されたため、先輩の顔を立てて、しかたなく入部したわけです。

でも、徳島《とくしま》市内には、小学校のころから剣道をやっている「少年剣士《けんし》」がけっこういて、強い子がそうとういるんですよ。

そのため、高校から始めた私とは、だいぶ〝腕《うで》〟に差があったので、何とか追いつこうとして、月曜日から土曜日まで一日も欠かさず、毎日、非常《ひじょう》に熱心に道場に通いました。竹刀《しない》がないときには、タオルを絞《しぼ》って振《ふ》っていたぐらいです（笑）。「剣道キチガイ」と言われながら、教室の後ろのほうでタオルを振っていたのです。

竹刀を振り下ろすときに、グリップのところを内側にギュッと締《し》めなければいけないんですよね。竹刀を打ち下ろして相手に当たる瞬間《しゅんかん》に、ギュッと締める感覚が大事なんです。

師範《しはん》として学校に来てくれていた剣道六段《だん》の先生も、「ほんとうは、竹刀を持っていなければ剣道の練習にはならないのだけれども、竹刀がないときには、タオルでもいいから、こういうふうに絞って振りなさい」と言っていたのです。それで、その教えどおり、素直《すなお》にタオルを振っていました。

雨の日などは、折りたたみ傘《がさ》がちょうど手ごろなので、傘を振ったりしていたのです。駅のホームで傘を振っていると、怪《あや》しい人と間違《まちが》えられる可能性《かのうせい》がありますが（笑）、そのくらい熱心だったわけです。

英語の勉強は汽車のなかで

揺《ゆ》れる汽車のなかで爪先立《つまさきだ》ちをしながら勉強した

また、剣道《けんどう》では、足の裏をベタッと下につけては駄目《だめ》で、いつでも「飛び込《こ》み」を打てるように、必ず踵《かかと》を上げておかなければいけません。爪先《つまさき》のほうに重心を置いて、パッと一瞬《いっしゅん》で打ち込めるようにしなければいけないのです。

私は汽車通学をしていたのですが、汽車のなかで爪先立《だ》ちをしていたんです。踊《おど》りのバレエと一緒《いっしょ》ですね。バレエをやる人は、よく、「爪先で立つ。足をベタッとつけては立たない」と言いますが、実は、私も爪先立ちをやっていたんです。

私の特技《とくぎ》は、「爪先立ちをしながら、揺《ゆ》れる汽車のなかで勉強する」ということでした。爪先立ちでフラフラと揺れながら、参考書と一緒に体を平行移動《いどう》させつつ勉強していたのです。まるで宇宙人《うちゅうじん》か何かのようですが（笑）。

昔の汽車はガタガタとよく揺れたので、「乱視《らんし》になるから、そういうことをしてはいけない」と親に言われたり、「座《すわ》って勉強しても、目が悪くなる」と考えたりして、汽車のなかで勉強をしない人は多かったんですが、私は、毎日の通学時間が惜《お》しいので、爪先立ちで剣道の練習をしながら、英語の勉強も同時にやっているような状況《じょうきょう》でしたね。

剣道は高校三年の夏休みまでやっていました。これも、やはり週六日やり、日曜日には、ときどき試合がありました。実力的には二段《だん》レベルまでは行っていたようで、体育の武道選択授業《ぶどうせんたくじゅぎょう》では、剣道を教えていた体育教師《きょうし》より強く、東大剣道部でも一年のときは、防衛《ぼうえい》大学校との練習試合に参加しました。

若いころに感じた焦り

「部活をしたら疲《つか》れて勉強ができない」という今の子供《こども》たち

そういうことを五十歳《さい》を過《す》ぎてから思い出して、「ああ、自分は体育会系《けい》なんだ」と気づき、〝不覚〟を感じました（笑）。

「体育会系だった」ということであれば、それでやっと、すべてが腑《ふ》に落ちたわけです。

「自分は、それほど頭は悪くないと思うのに、何だか勉強がもう一つできない。もうちょっとできるはずなのに、おかしいな。こんなはずではないのに」という、若《わか》いころに感じた焦《あせ》りの気持ちが、なぜ生じたのか、ずっと解《げ》せなかったのです。

けれども、今、都会の有名進学校などの様子や、そういうところに実際《じっさい》に通《かよ》っている私の子供《こども》たちを見ていて、「部活のほうは、徹底《てってい》して手抜《てぬ》きをするのだな」ということが分かったんですね。

「週一回ぐらい通ったところで、うまくならないんじゃないか」と思うのですが、東京のほうだと、バレエでも何でも、幼稚園《ようちえん》あたりから週一回ぐらい通うだけでも、けっこう、うまくはなるんですね。そういうことを田舎《いなか》の人は知らないのです。

そのように、週一回ぐらいでも、けっこう稽古事《けいこごと》はできるんですね。その程度《ていど》でも、「やらないよりはまし」ということなのでしょう。

ところで、ちょっとショックだったことがあります。私の子供に、中学生のころ、部活で週二回ぐらい剣道《けんどう》をさせてみたところ、剣道をやった日は、帰ってきたら、くたびれ果てて寝《ね》ているんですよ。「疲《つか》れて勉強ができない」と言うんです。

体力も「行動力」の基本

私は、さっぱりわけが分からなくて、キョトンとしてしまいました。

私の場合は、毎日、剣道をやっていても、夕飯を食べ終わったら、時間どおりに夜七時からきっちりと勉強に取りかかっていたのです。「剣道をやったから勉強ができない」などということはありませんでした。そして、寝る時間が来て床《とこ》に就《つ》いたら、日中、よく運動をしているので、だいたい十分以内には眠《ねむ》りについていたと思います。

そのため、「部活をやったら、体が痛《いた》くて勉強ができず、家に帰ったら寝ている」という、わが子の姿《すがた》を見て、「こんなに体が弱いのか」と、ちょっとショックでしたね。

毎日やっていると、やはり、そうとう体が強くなっているのでしょう。そういう意味で、意外に体力はあったんでしょうね。

だから、「行動力」について訊《き》かれても、大学時代には行動力はなかったので、あまり思いつかないのですが、ただ、中学・高校時代に運動部でクラブ活動をやっていたので、意外に、〝体育会系の遺伝子《いでんし》〟が、どこかに入っていたのかもしれませんね。そういうところはあるでしょう。

厳《きび》しい肉体的負荷に耐《た》えないと「精神力《せいしんりょく》」はつかない

それから、筋肉《きんにく》を鍛《きた》えることによって肉体に負荷をかけないと、「精神力《せいしんりょく》」がつかないんです。一定以上、その苦痛《くつう》に耐《た》えた人でなければ、「ここ一番」の局面で耐え抜《ぬ》けないようなところがあるんですよ。

基本的《きほんてき》に、気力が萎《な》えたり、体力が尽《つ》きてきたりすると行動力が落ちることがあるので、そういうときには、「厳《きび》しい肉体的負荷に耐えた」ということが、やはり、少し効《き》いてくるのではないかと思うんです。

「基礎訓練」「習慣化」

私の場合は、「厳しい肉体的鍛練《たんれん》をして、それに耐え抜いた」というほどの自覚はないのですが、そういう鍛練を「習慣《しゅうかん》」にしてしまう傾向《けいこう》が強いのです。何であれ、最初の一カ月ぐらいはきついのですが、習慣化してしまうと、意外と楽にできることがあるのです。

テニスでも、きついのは最初の一カ月ですよ。四月に入部すると、素振《すぶ》りを一カ月ぐらいやらされるのですが、その辺で、だいたいみんな音《ね》を上げるんですね。「基礎《きそ》訓練で素振りばかりやらされて、球を打たせてもらえない」というので、音を上げるのですが、基礎訓練が終わったあとは楽になってくるんです。

最初は、一日に三百回も五百回も素振りをするので、腕《うで》が痛《いた》くて大変ですし、剣道《けんどう》でも、練習の前に素振りを五百回やったりします。それだけでも、腕がちぎれるかと思うぐらい痛いでしょうけれども、そういう基礎訓練をやった上で、そのあとに本格的《ほんかくてき》な練習が始まるわけです。

そういう鍛練をやっていたことの名残《なごり》が、私のどこかに残っているのかもしれませんね。

私の場合、習慣化するのが、わりに得意なのです。最初は、意志《いし》の力が必要で、非常《ひじょう》に「大変だな」という感じはあるんですけれども、一定のパターンをつくって習慣にまで持っていくと、自動的に、当たり前のこととして、やっていけるようになります。

周りからは、大変そうに見えても、習慣をつくってしまえば、習慣どおりにやり続けるだけなので、それほど大変ではないところはあります。

したがって、「行動力がある」などと言われると、私はキョトンとしてしまうのです。むしろ、「みなさんのほうが、よほど行動力があるんじゃないか」と思ってしまいます。

「一日の苦労は一日にて足れり」

終わった仕事は忘《わす》れて、いつも次の仕事を考えている

もっとも、「幸福の科学を立宗《りっしゅう》するにあたっては、行動力があったのではないか」と言われれば、それはそうかもしれません。

でも、私の場合、自分がやったことは、すぐに忘《わす》れるんですよ。そして、次のことをいつも考えています。私がいつも考えていることは、「次に何をするか」ということばかりです。終わったことについては、「一日の苦労は一日にて足れり」という感じで、もうそれで終わりなんですよ。そして、必ず、次のことを考えています。

「いろいろと大変なことをやってきた」「大変な努力をした」などと、反芻《はんすう》し

行動力を身につけるポイント

① 肉体的な鍛練で「精神力」をつける

② 一定のパターンをつくって「習慣化」する

③ 新しいこと、次の仕事のことを常に考える

て思い出す人はたくさんいるのでしょうが、私の場合は、終わったら、「一日の苦労は一日にて足れり」「今日《きょう》の仕事は今日で終わり」という感じで、たいてい、次の仕事のことしか考えていないんですよ。そういうところがあります。

本の発刊《はっかん》もそうです。私は、本を一冊《さつ》仕上げて出したら、もうそれで終わりで、どんどん忘れていくことにしているんです。「自分は、これだけやったのだ」ということを反芻して喜ぶような趣味《しゅみ》はあまりなくて、終わった仕事には関心がないのです。

みんな川に流れていくような感じであり、

次の仕事を考える

いつも次の仕事しか考えていません。「次の本をどうするか」ということなどを、いつも考えているのです。

ピーター・F・ドラッカーの言葉ではありませんが、「次の本が最高の本です。ベストの本は次の本です」と、自分ではいつも思っています。「今までの自分の本のなかでは、これが良かった」などと思うことはなく、常《つね》に、「次は、もっといい本を書くぞ」と考えているんです。

もっとも、忘れるとはいっても、私はまだボケてはいないので、自分の本であることぐらいは覚えています（笑）。

昔の笑い話に、「ある老作家が、書棚《しょだな》から本を取り出して、『これは実にいい本だ』と思って最後まで読んだのだが、その本が自分の書いた本であることが分からなかった」というものがあります。「何十年か前の若《わか》いころに書いた本なので、忘れてしまっていて、自分の本であるにもかかわらず、知らずに最後まで読んでしまった」という話です。

私は、そこまでボケてはいませんが、基本的《きほんてき》に、過去《かこ》に出した本については、あまり気にしないタイプです。

作家の司馬遼太郎《しばりょうたろう》も、「自分の本は、書いてしまったらもう読まないのだ」と言っていました。「必要があれば、そのときに見ればよい。本を見れば書いてあるのだから、もう読まない。忘れることにしている」というわけです。

彼は、本を書くために集めた資料《しりょう》を、本を書き終わったあとは、ある程度《ていど》、整理していたようです。必要なことは自分の本に書いてあるので、資料は本のかたちで残っているというわけです。そのため、集めた資料は処分《しょぶん》していたらしいのです。

それで、「自分の本は、必要がないかぎり、もう読まないのだ」と彼は言っていたそうですが、私にも少しそんなところがあるので、その気持ちはよく分かります。彼も、たぶん、次の作品のことしか考えていなかったのだろうと思います。

ハングリー精神

過去にやったことを反芻《はんすう》していたら〝ハングリー〟ではなくなる

私は、そんな感じで、ずっとやってきました。

「今までに、これだけやってきたのだ」ということを、あまり反芻《はんすう》していたら、〝ハングリー〟ではなくなり、〝空腹感《くうふくかん》〟がなくなるからでしょうね。「これだけ食べた」という、おなかにいっぱいたまっている感じが残ってしまうので、忘《わす》れるようにし、いつも、新しいことを考えています。

私は、幸福の科学を二十数年、運営《うんえい》してきましたが、過去《かこ》のことはあまり思い出さないんです。努力して思い出そうとすれば、「そうだったな。そんなことをしたな」などと思い出せるのですが、「あのときは苦労をした」と思うようなことでも、忘れてしまうというか、考えないことにしていて、いつも次のことを考えています。「十年前は」とか、「二十年前は」とか、説法では述《の》べることもありますが、普段《ふだん》は、考えることはありませんね。

したがって、「一年前に苦労したことは何ですか」と言われても、キョトンとしてしまうような感じです。

その意味では、私は前向きと言えば前向きです。いつも前向きなのではないでしょうか。


肉体的な鍛練と、習慣化の力、常に次の仕事を考える前向きな姿勢が「行動力」を生むのです。

第3章

“自分”の価値《かち》を再発見《さいはっけん》するには

Rediscover Your True Value

質問

　私の周りには、大学に入ったものの、高校までとは違《ちが》って、勉強の面であまり評価《ひょうか》されなくなり、また、社会の役に立っているという実感もないため、ウツのようになっている学生が何人もいます。

　そういう「幸せが実感できない」という人に、どんなアドバイスをすればよいでしょうか。

3

秀才《しゅうさい》も〝価値剥奪《かちはくだつ》〟を感じるとウツになる

大学に入ったら、ウツのようになった友人がいるということですね。ああ、その感じ、よく分かりますよ。

私の著書《ちょしょ》に『「幸福になれない」症候群《しょうこうぐん》』(幸福の科学出版刊)という本があるけれども、人は、「幸福になれる」と思って、実際《じっさい》には不幸になるほうに向かっていくことがあるんです。

進学を例にとると、小学校で「秀才《しゅうさい》だ」と思われていた人は、中学校でも「秀才だ」と認《みと》められたいので、秀才が集まっている中学校へ行きたがるんですよね。そして、秀才が集まっている中学校へ行くと、あっという間に〝普通《ふつう》の人〟になる可能性《かのうせい》があるけれども、そこで何とか生き延《の》びて、また秀才と認

アイデンティティーの危機

められた人は、さらに、その人の中学校からは年に一人か二人しか受からないような、秀才ばかりが集まる、もう一段上《いちだん》の高校に行きたがるんです。

そこで、たいていは、普通の人になるか、普通以下の人になるんだけれども、粘《ねば》り切って、また「秀才だ」と認められたら、「もう一息」と思って、次は、尊敬《そんけい》されるような大学まで辿《たど》り着こうとしますよね。

今の日本で東大受験の合格者数《ごうかくしゃ》が最も多いのは開成《かいせい》高校でしょう。開成高校は一学年が四百人で、そのうち東大に行くのは、平均《へいきん》して百八十人前後ですよね。開成でも半分ぐらいの人は東大に行かないんです。

そして、開成がいくら難《むずか》しい学校だといっても、東大に入るとどうなるかといえば、周りは全員、東大生なんですよね。だから、「開成から東大に入るというのは、すごいことなんだ」と思っていたのに、周りが全員、東大生になってしまうわけです。

そうすると、急に、東大生であることが当たり前のことになり、その価値《かち》がゼロになってしまって、そのあたりから、アイデンティティーの危機《きき》のようなものが起きるんですね。

これは東大だけの話ではなくて、京大だろうが阪大《はんだい》だろうが、早稲田《わせだ》だろうが慶応《けいおう》だろうが、ほかのところでも同じでしょう。

早稲田や慶応だって、競争が厳《きび》しいので、入るのはとても難しいんですけれども、一学年に、ものすごい数の学生がいるんです。早稲田だと約一万人、慶応でも約七千人です。世間に、そんなに大量に天才がいるわけはありませんよね。でも、実際には、入るのはすごく難しいわけです。

ところが、入学しても、一学年に例えば一万人の学生がいたりすると、自分の〝居場所《いばしょ》〟がなかなか見当たらないのではないでしょうか。一万人のなかでの自分、これを何とかして認めてほしくなるでしょう。

特に、地方の高校からだと、「早稲田や慶応へ行く」ということは、その学校で数名、あるいは一人か二人ということもあるので、おそらく、「すごく頭

「価値剝奪」に負けない

が良い」というような感覚で来ているはずですよ。

それが、パッと周りを見たら、「同じ学年に一万人ぐらい学生がいる」とか、「全学年の学生を足したら何万人にもなる」とかいうことになると、急に自分が値打《ねう》ちのない人間になったような気がするんですよね。

これを「価値剝奪《はくだつ》」といいます。

当会でも、基本的《きほんてき》に、「要求レベルを上げるのは良いことだ」と教えているんだけれども、その結果、人によっては、自分が惨《みじ》めになったり、平凡化《へいぼんか》していって値打ちがないように感じたりします。

この「価値剝奪」に負けるとウツになってくるんですよ。自分に対する正当な評価《ひょうか》が、なかなかできないんですね。

エリート校出身者は〝自分の位置〟が見えていない

特に、中高一貫《いっかん》教育の〝エリート校〟出身の人について、よく言われているんだけれども、「秀才《しゅうさい》であることが当たり前だ」と思っているような人には、一流大学に入ると、「自分は平凡《へいぼん》な普通《ふつう》の人間だ」と思ってしまう傾向《けいこう》があって、「自分は、社会的には、どの辺の位置にあるのか」という、自己《じこ》の客観視《し》が、なかなかできないんですよね。そこが、けっこう問題です。

ところが、社会に出たら、また急にコロッと価値観《かちかん》が変わってしまいます。大学在学中《ざいがくちゅう》は、「自分は普通だ」、あるいは「劣等生《れっとうせい》だ」と思っていたのに、社会に出たら、今度は急に、自分に対する他《た》の人の扱《あつか》いが変わってくるので、困《こま》

自己を客観視する

るんですよね。

東大では、「自分は劣等生だ」と思っていたのに、社会に出てから、「どうせ僕《ぼく》なんて勉強ができないから」ということを言ったりしたら、「それ、嫌《いや》みかよ」と言われるようなことになるわけです。「ずいぶん嫌みなやつだなあ。酒がまずくなった」というような感じで見られるわけですよね。「そんな冗談《じょうだん》、通じないよ」ということになるんです。

でも、現実《げんじつ》を言えば、東大にも、「自分は頭が悪い」と思っている人は多いし、早稲田あたりでも、そういう人は大勢《おおぜい》いると思いますよ。それから、地方の大学でも、そのように思っている人は数多くいます。

また、第１章で述《の》べたように、医学部にも序列《じょれつ》があるので、わずかな偏差値《へんさち》の差で、「頭が良いか悪いか」というようなことを判断《はんだん》している人は、ずいぶんいると思うんです。「わずかな差にこだわるのは、世間全体から見たら、ばかばかしいことなんだ」ということが、そう簡単《かんたん》には分からないんですよね。

〝都会の人〟は勉強の要領《ようりょう》が良い

前章では、「五十歳《さい》になって、自分が体育会系《けい》だと分かった」ということを述《の》べましたが、私は、自分で子育てをしてみて、「自分は、けっこう秀才《しゅうさい》だったんだ」と（笑）、最近になって思うようにもなりました。

以前、『若《わか》き日のエル・カンターレ』（宗教法人幸福の科学刊）という本に書いたことがあるんですけれども、私の自己《じこ》イメージにおいては、鈍才《どんさい》のイメージのほうが強かったんです。学生時代も、「ずいぶん要領《ようりょう》が悪くて、〝鈍《どん》くさい〟なあ。すごく勉強に時間がかかる。のろくて要領が悪くて、ばかみたいな勉強の仕方をしているなあ」と思い、自分でもつくづく情《なさ》けなくて、ほんとうに涙《なみだ》が出るような感じがありました。

勉強の方法論を知る

確《たし》かに、「勉強の方法論《ろん》を知らなかった」ということは、あったかもしれないのです。地方から東京に出てきていたので、世間の情報《じょうほう》をよく知っている〝都会の人たち〟の動き方とは、違《ちが》っていたのですね。

例えば、私は法学部だから法律《ほうりつ》の勉強をするわけですが、教科書を丁寧《ていねい》に一ページ目から最後まで、つまり、「まえがき」から「あとがき」まで、きちんと全部、何度も何度も繰《く》り返し読んでいました。

でも、麻布《あざぶ》高校と東大を出て、大蔵省《おおくらしょう》（現財務省《げんざいむしょう》）に行った同級生は、「全部通して読んだのは一回だけだ」と言うんですよね。それを聞いて、私が不審《ふしん》そうな顔をすると、「だって、本の前半部分なんか試験に出ないからね」と、こう言うんですよ（笑）。私は、「そんな読み方、〝あり〟なのか」と驚《おどろ》いたものです。

憲法《けんぽう》を例にとると、教科書には、憲法の成立史などの内容《ないよう》が最初に書いてあります。上下巻《かん》の場合、上巻の半分ぐらいには、「日本国憲法は、このようにして成立した」「世界の憲法は、このようになっている」というようなことが書いてあるんですが、これは試験に出ないのです。

だから、「そこは一回読めばいい」と彼が言うのは確かに当たっています。「試験に出るのは、そこではなくて、もっとあとの、判例《はんれい》が出てくるところだ」というのは、そのとおりなのです。

彼は、試験に出やすい重要なところについては、同じ高校出身の先輩《せんぱい》たちから過去問《かこもん》の情報を得ているのです。「去年の問題や、その前の年の問題などから見て、こんなところが出そうだ」というような情報を、きちんと集めていて、ヤマを張《は》っているんですよね。

それで一定の成果を出してきます。確かに、学内の試験でも成果を出すし、公務員《こうむいん》試験でも、いい成績《せいせき》で役所に入ったりするので、「へえ、世の中には、頭の良い人がいるものだなあ」と思って、感心していたのです。

私は、当時は、「司法試験などを受けるための予備校《よびこう》がある」ということも

独学で勉強する

十分に知りませんでしたが、〝賢《かしこ》い〟人たちは、大学に入ったら、一年生のときから司法試験の予備校に行っているわけです。司法試験の勉強を大学一年からやっていて、二年生のときには、すでに、かなり進んでいるんです。

ところが、大学のカリキュラムからいうと、「一年と二年は教養学部で一般《いっぱん》教養の勉強をして、三年と四年が専門学部《せんもん》」ということになっています。でも、法学部の場合、四年生になってすぐに司法試験などを受けることになるため、このカリキュラムだと専門の勉強は一年間しかできないですよね。

一年で勝負する人と、大学一年から三年までの三年間、勉強している人とでは、明らかに差があります。

彼らは、大学一年から勉強していて、さらに予備校へも行き、試験に出るところを一生懸命《いっしょうけんめい》に教わっているわけです。

「そんな勉強の仕方があるのか」と思ったけれども、さらに遡《さかのぼ》ってみたら、彼らは、高校でも中学校でも小学校でも、塾《じゅく》などで、受験の合格《ごうかく》を目指した勉強の仕方を教わっていたようなのです。

この辺に私とは〝ずれ〟があります。私は塾などに通ったことがなく、いつも独学《どくがく》で勉強していたので、そういう勉強の仕方がよく分からず、劣等感《れっとうかん》のようなものを強く感じていました。当時、「なんて要領のいい、賢い人がいるんだろう。よっぽど、生まれつき頭の良さに差があるのかなあ」と、ずいぶん思いましたね。

学校の成績《せいせき》が良いからといって社会に出て成功するとは限《かぎ》らない

ところが、その後《ご》、社会に出て見てみると、頭の良かった人たちは大して偉《えら》くなっていません。「なぜ、あんなに頭の良い人が偉くならないんだろうか」と

ハウツーが効かなくなるとき

思ったけれども、「要するに、彼らは〝ハウツー〟に精通《せいつう》していただけだ」ということが分かりました。

彼らは、「同じ時間内でやるときには、こういうやり方をしたほうが効率《こうりつ》が良い」ということには精通しているのだけれども、第1章で述《の》べたように、何かに没頭《ぼっとう》し、深いところまで突《つ》きつめていくようなタイプではないので、要するに超《ちょう》一流のところまでは抜《ぬ》けていけないいんですよね。

彼らの能力《のうりょく》は、評価《ひょうか》してくれる人がいる場合に発揮《はっき》される能力なんです。「この仕事を、いつまでに仕上げてくれ」と言われ、「はい」と返事をして、「期限《きげん》までにパシッと出来上がる」というようなとき、要するに、評価してくれる上司がいるときには役に立つ能力なんです。

しかし、自分が、例えば経営者《けいえいしゃ》のようにトップに立つと、自分で全部を考え出さなくてはいけなくなります。すなわち、新規《しんき》のことを考え出したり、経営計画をつくったり、「会社をこのように持っていきたい」「未来をこうしたい」

などということを考えたりするような段階《だんかい》になったら、全然、手本がないので、いわゆるハウツーが効《き》かなくなるんですよね。

そうすると、孤独《こどく》のなかにあって、自分で独自《どくじ》の方法を考え、編《あ》み出した人や、独学的《どくがくてき》にいろいろと苦しんだような人のほうが、意外に、トップとしての孤独に耐《た》え、自分の判断《はんだん》を信頼《しんらい》して、やっていけるようなところが出てくるのです。

「要領《ようりょう》の悪かったはずの人たちに、オリジナリティー（独自性）が出てきて、逆《ぎゃく》に、要領の良かった人たちに、ある意味でオリジナリティーが出ない」ということになっていくのです。

そういう、要領の良かった人たちは、誰《だれ》もが使う、オーソドックスな〝兵法〟を使っていただけなので、まったく新しい局面や環境《かんきょう》が出てきて、「どうするか」となったときに、すなわち、「定まった答えがない」という状況《じょうきょう》に直面したときに、評価が引っ繰《く》り返ってくるんですよ。

オリジナリティー（独自性）

「公務員《こうむいん》になったり、大企業《だいきぎょう》で、ある程度《ていど》まで出世したりする」ということだったら、そういうタイプでも十分にやっていけるんだけれども、創業《そうぎょう》経営者になったり、研究者として新しい分野を開拓《かいたく》したり、発明家になったり、冒険《ぼうけん》家《か》になったりするようなときには、そういうタイプは通用しないわけです。

人間は、「自分の属《ぞく》している集団《しゅうだん》のなかでの自分」というものを考えやすい

そこで、ウツへのアドバイスだけれども、人間は、基本的《きほんてき》に、「自分の属《ぞく》している集団《しゅうだん》のなかでの自分」というものだけを考えやすいので、そこが、やはり大きな問題だと思うんですよね。

例えば、先ほど述《の》べた日本一の進学校で「祖父《そふ》・父親・子」の三代が学んだという、秀才《しゅうさい》の家系《かけい》で、次のような出来事がありました。

祖父は、数学の受験参考書を書いたこともある、日本を代表するような数学者で、父親も数学者だったのですが、その子供《こども》は数学の出来が父親や祖父ほどではなかったのです。そのため、「うちの家系は、数学がとびっきりできる家系だったのに、この子は数学ができない」と見なされ、いじめられたため、鉄道自殺をしてしまいました。レールの上で列車に轢《ひ》かれ、死んでしまったのです。

「数学ができない」といっても、日本一の進学校に入るぐらいだから、世間の相場から見れば、とてもよくできたのでしょうが、「大学の数学の教授《きょうじゅ》になったり、受験参考書が書けるような、知名度の高い数学者になったりするほどの才能《さいのう》はない」ということだったのかもしれません。

そのようなストレスによって死んでしまう人だっているわけですが、世間から見ると、「ほかの家に生まれていたら幸福だっただろうな」という感じでし

家系のストレス

よう。「普通《ふつう》のサラリーマン家庭に生まれていたら、さぞかし幸福だっただろう」とも思えるのですが、たまたま家系が良すぎて、こうなることもあるのです。

また、斎藤勇《さいとうたけし》という、たいへん有名で、英米文学辞典も編纂《へんさん》したことのある英文学者がいましたけれども、この人は孫に殺されてしまいました。「明治以降《いこう》、一族みな東大だったのに、初めて慶応《けいおう》入学者が出た」ということで、その人の孫は、ぐれてしまったのです。そして、その孫は、「わが家の〝東大信仰《しんこう》〟の元凶《げんきょう》は英文学者のおじいさんだ」と考えたわけです。「九十五歳《さい》にもなって孫に殺される」というショッキングな事件《じけん》が起き、それも、「包丁で額《ひたい》を刺《さ》される」という、恐《おそ》ろしい殺され方だったそうです。

一族のストレスのようなものが、堰《せき》を切ったように、弱いところに一気になだれ込《こ》んで、土手を破《やぶ》ったような感じでしょうか。こういう事件が起きたことがありましたね。

社会に出ると、人間関係など勉強以外のものが影響《えいきょう》してくる

上を目指すことは良いことだと思うんですけれども、やはり、世の中は、相対的というか、比較《ひかく》の世界なので、私は、ときどき、「上も偉《えら》いが、下も偉い。底辺を支《ささ》えている人も偉い。クラスの一番も偉いけれども、四十番も偉い。底を支えるのも大変で、ビリなのに自殺もしないで頑張《がんば》っている人も、けっこう偉いよ」と言っているのです。

昔の人の話ですが、旧制高校《きゅうせい》の出身者が社会に出ると、在学時《ざいがく》の成績《せいせき》が上のほうの〝一桁族《ひとけたぞく》〟が、意外にもあまり出世しておらず、むしろ十番台ぐらいの人が出世していて、その次に出世しているのはビリのほうの人だというんです

「学校の成績」と「出世」の関係

ね。

トップの秀才《しゅうさい》は、みな、落ちこぼれていってしまい、二番手グループあたりの人たちが、そこそこ出世しているようなのです。

そして、〝ビリを張《は》っていた〟人たちというのは、まともに勉強してはいなくて、運動、山登り、旅行、マージャンなど、社会経験《けいけん》のほうに投資《とうし》していた人たちですよね。こういう人が社会に出て偉くなっているというのが、どうも法則的《ほうそくてき》によく見られるので、そんなことも知っておいたほうがいいですよ。

例えば、麻布《あざぶ》高校からは政治家《せいじか》がよく出ていますけれども、麻布高校出身で総理大臣《そうりだいじん》になった人たちというのは、真ん中ぐらいの成績だったようです。一方、一番だったような人は、国の省庁《しょうちょう》の局長あたりで終わっている人が、けっこう多いんです。

だから、才能《さいのう》って難《むずか》しいですね。何か勉強以外のことをやっていた場合もあれば、一生懸命《いっしょうけんめい》に勉強して上位に行かなかった場合もあっただろうとは思うんですけれども、社会に出ると、勉強以外の人間関係とか、勘《かん》が優《すぐ》れているかどうかとか、趣味《しゅみ》だとか、いろいろなものが影響《えいきょう》してくることもあるので、一概《いちがい》に言えないんですよね。

外国から見れば、日本は恵《めぐ》まれている

だから、「大学に入ってウツのような状態《じょうたい》になっている」という人たちに対して、私は、「やはり世間は広いよ」と言いたいですね。

そのような人たちは、できたらインドにでも旅行したらいいと思いますね。インドへ行き、仏跡《ぶっせき》などを巡《めぐ》って、貧《まず》しい人や乞食《こじき》の群《む》れを見て、日本に帰ってきたら、「自分たちは〝未来の国〟に住んでいて、すごく恵《めぐ》まれている」ということがよく分かると思いますね。

「全体の視点」で見る

小学校にさえ半分の日数も行けないで薪拾《たきぎひろ》いをしている少女たちや、太陽に照らされて熱くなったアスファルトの道路を、裸足《はだし》で歩いている子供《こども》たちの姿《すがた》を見たりすると、「ああ、日本とインドには、文明の落差が、こんなにあるんだ」ということが分かります。

この文明の落差は、どこでできたかといったら、基本的《きほんてき》には教育ですよね。明治以降《いこう》の日本の教育が優《すぐ》れていたために、国全体の文明のレベルが上がったのは間違《まちが》いないいんですよ。国全体の文明のレベルが上がったために、後れた国から見たら、日本は未来の国に見えるのです。

日本人は、そういう国に住んでいて、けっこう幸福なんですよね。

そういう「全体の視点《してん》」で物事を見ることです。たとえ、自分は今、学内に居場所《いばしょ》や存在感《そんざいかん》がないように思えたとしても、「教育レベルを上げて、国全体が豊《ゆた》かになったこと自体は、素晴《すば》らしいことなんだ」という大きな気持ちは持たなければいけません。

あと、実社会に出てからは、いろいろな戦い方もあります。

また、会社に勤《つと》めても、誰《だれ》もがみな出世できるわけではありません。例えば、商社には管理職《かんりしょく》がわりに多くて、「石を投げれば課長に当たる」などと言われていますが、それでも、新入社員百人のうち、課長以上になれるのは半分ぐらいです。これでもかなり多いほうで、メーカーなどに入ると、課長以上になれるのは、六人に一人とか、十人に一人とかになってくるんですね。

大きな会社では、何万人とか何十万人とか社員がいますが、全員が課長になれるはずがないんですよね。全員が課長になるためには、社員が一万人の会社は、やがて五万人になり十万人になりというかたちで、発展《はってん》していかなくてはなりません。そうでないかぎり、絶対《ぜったい》にならないのです。

そういう意味で、学生にしろ社会人にしろ、「幸せが実感できない」という人は、ときどき、外の世界を見て回ったりすることも大事です。「インドまで行くお金がない」ということであれば、病院や障害者《しょうがいしゃ》の施設《しせつ》、老人ホームなど

「恵まれている」ことに気づく

に行き、今、働けないで苦しんでいる人たちや悲しんでいる人たちの姿を見て、「やり直してみようかな」という気持ちを持ったほうがいいと思います。

恵まれすぎていて、不幸感覚が強くなっている面が大きいのではないかと思うんですよね。

広い心を持ち、〝長期戦〟で考える癖《くせ》をつけよう

私は、学生のころ、「自分は、それほど勉強ができない」と思って悩《なや》んでいたんだけれども、最近では、「東大に入るのも、なかなか大変なんだなあ。ビリでさえ、なかなか入れないんだ」ということを感じています。

東大のなかで成績《せいせき》が悪い人は、当然、悩んでいると思いますけれども、ビリ

でだって東大に入るのは大変なんです。

大学生当時、私は、「自分は、それほど秀才《しゅうさい》ではない」と思っていたけれども、ビリではありませんでした。学内の試験で平均点より下だった科目は一つもなく、いつも平均点《へいきんてん》より十点も二十点も上だったのです。今、そのことを考えてみたら、「いや、けっこう秀才だったかもしれない」と思い、五十歳《さい》を過《す》ぎてから自分を見直しました。

また、東大の文学部を出た宗教学者が書いた本には、このようなことが書いてありました。

東大では、教養学部の二年間の成績によって、進学する専門課程の振り分けがあります。人気の高いところは八十点近い点数が必要になるなど、行けるところは点数で決まってくるんですね。

私は、その宗教学者が著書《ちょしょ》のなかで、「文化人類学へ進みたかったけれども、必要とされる点数との差があまりに大きくて、とても行けなかった。しかし、

ある東大出身者の劣等感

宗教学は点数に制限《せいげん》がなかったので、助かった」ということを述《の》べているのを読みました。

その宗教学者は、平均点が五十点台だったようです。それは、全部『可《か》』で揃《そろ》えないかぎり取れない平均点です。必修《ひっしゅう》単位で『不可』だけは取らないようにして、あとは全部『可』で揃えたら、平均点が五十点台になるのです。だから、当時は、〝超《ちょう》低空飛行〟のすれすれで行った人が、宗教学に進むことが多かったわけです。

実は、東大出身の宗教学者には劣等感《れっとうかん》の塊《かたまり》のような人たちもいて、「東大全学部のいちばん下だった」というような自覚を持ち、一学年三千人の重みを下で受け止めている〝えぐれ〟があるようです。

私は、一九九一年ごろ、「東大出身の宗教学者が、私に対して、ずいぶんきつい批判《ひはん》をしてくるな」と思っていました。私は気にもしていなかったんですが、その人が言うのには、雑誌《ざっし》での私の発言を見て、「優等生《ゆうとうせい》っぽい答えだ。

ああいう優等生みたいな答え方をする人は大嫌《だいきら》いだ」ということを、はっきり言っているんですね（笑）。

当時は、「同じ東大を出ている人が、なぜ、こんなことを言うのかなあ」と思ったけれども、「全部『可』で揃えなければ行けない〝難しい〟学科の人だから、そういうことを感じておられたんだなあ」ということを知りました。

私にとっては、思わぬ「とばっちり」なんですけれども、そんな経験《けいけん》をしたこともあります。学内での順位などは相対的なものなので、「実社会に出たら、やはり、ちょっと違《ちが》う面もあるんだよ」と言いたいですね。

アメリカはもっとドライで、「確《たし》かに学歴エリートも偉《えら》いが、お金儲《かねもう》けができる人も偉い」という考え方も、はっきりしていますよね。日本だと、まだ、そこまではっきりとは言えないので、水面下で「うらやましいなあ」と思っているぐらいでしょうか。あそこまで割《わ》り切るのは、それなりのものかもしれませんね。

「広い心を持つ」「長期戦で考える」

（例）・いろいろな生き方、成功の仕方がある
・失敗のない人生には、反省もないし、発展も成功もない

日本は、まだ、建前でものを言い、本音を言わない社会ではあるのですが、いろいろな生き方や成功の仕方があってもいいし、失敗のない人生もさみしいですよ。そういう人生には、反省もなければ、発展《はってん》も成功もないのです。

だから、私のように、あとから気がついて、「いや、意外に健闘《けんとう》していたのだ」と思うようなこともあるので、「人生を、そんなに早く判《はん》定《てい》して、ウツになり、悩みのなかにいるのは、どうかな」と思います。

「もう少し、広い心を持ったり、あるいは、長期戦で考える癖《くせ》をつけたりしたほうがいいのではないかな」と思いますね。

人との比較《ひかく》だけでなく「自分なりの幸福」を見つけよう

あと、アメリカ的な競争社会も過度《かど》のストレスを生みますね。確《たし》かに、「みな、夜も眠《ねむ》れず、神経《しんけい》をすり減《へ》らしている」ということがあるので、「人との比較《ひかく》で絶対《ぜったい》に勝たなかったら幸福ではない」という価値観《かちかん》には、やはり、苦しいところがあると思うんです。

絶対の勝者というのはありえないので、やはり、「自分の独自性《どくじせい》」というか、「自分なりの幸福」というものを見つけることが、大事なのではないかなと思うんですよね。

文部科学省の元役人に、「ゆとり教育」で悪名を馳《は》せたTという人がいます。

自分の独自性

彼は、「過度の受験勉強が人間をおかしくする」ということを主張《しゅちょう》して、〝ミスター文部省〟（〝ミスター偏差値《へんさち》〟とも）と言われたこともあるのですが、ゆとり教育を導入《どうにゅう》して、日本人の学力をそうとう低下させたために糾弾《きゅうだん》され、文部科学省のエリートから放り出されて、今は民間に出ています。

彼は、医学部の教授《きょうじゅ》だった父親から、「医学部に行けなかったら、うちの息《むす》子《こ》ではない。どうしても医学部が駄目《だめ》なら文科系《けい》でも許《ゆる》すが、東大法学部（文Ⅰ）以外にはないぞ」というようなことを言われたそうです。鹿児島《かごしま》ラ・サールには一番で入ったそうなんだけれども、卒業するときには、ビリから数えたほうが早いところまで落ちていたらしいのです。

それでも、要領《ようりょう》が良くて東大文Ⅰに入れたようですが、東大卒業後は、父親の価値観と戦うために文部省（現《げん》文部科学省）へ入って、一生懸命《いっしょうけんめい》、ゆとり教育で日本の学校教育を緩《ゆる》めまくったようなところはあるかと思うんです。

確かに彼は子供《こども》時代に〝不幸〟だったかもしれないけれども、全人口的に見れば、やはり、それは一部の優《すぐ》れた人たちの話であって、「インドの貧《まず》しい地《ち》域《いき》の人たちに比《くら》べ、誰《だれ》もが教育を受けられる社会になっていること自体は、やはり良いことなんだ」ということを、知らなければいけないと思うんです。

彼の場合、〝特殊《とくしゅ》な環境《かんきょう》〟にいたため、価値観がズレていて、ちょっと違《ちが》うように見えたのかもしれませんね。

違《ちが》う人の視点《してん》でも見る

それと、女性の場合、学校に通っているときは、勉強ができると、周りからほめられるんだけれども、社会に出てから評価《ひょうか》が変わる場合があるのです。これは、ちょっとつらいところです。価値観《かちかん》の逆転《ぎゃくてん》が起きるんですよね。だから、「これは、かわいそうだな」と思うところもあるんです。

価値観の逆転

男性にも、そういう面はありますけれどもね。

私は、新入社員のときに、大学の先輩《せんぱい》に注意されたことがあります。「お酒を飲む場では、『東大では』なんて言葉は禁句《きんく》であって、言ってはいけない。あとで、どれほど、しっぺ返しが来るか分からないから、先輩社員がいるところでは『本学では』と言って、『東大では』と絶対《ぜったい》に言うな」と言われました。

東大卒の女性の場合も同じで、「酒の席のようなところで、出身校を訊《き》かれて正直に答えたら、それを聞いた男性は一瞬《いっしゅん》にして酔《よ》いがさめてしまう」というようなことがあるんですよね。

それで、いろいろと嘘《うそ》をつく人が、男性にも女性にもいますね。そういう人も、いることはいるんです。

だから、世の中の反応《はんのう》も、いろいろと知っていなければいけないところもあります。そうでないと、今度は逆《ぎゃく》の意味で〝ウッ〟になることもありますからね。

世間には、いろいろな考え方の人がいるので、自分の見方があまりにも偏《かたよ》りすぎていると思ったら、少し、違《ちが》う人の視点《してん》で見る癖《くせ》をつけたほうがいいかもしれませんね。「この人から見たら、自分はどう見えるのかな」というような感じで、自分を相対化するのです。

それで、最後は開き直って、「私は私でいいじゃないか。こういう個性《こせい》、こういう才能《さいのう》をもらったのならば、それが私の〝生き筋《すじ》〟だろう」と思い、自分が生きていく道、「自分なりに光り輝《かがや》いていく」と思う道を選んでいき、それで満足することが大事かもしれませんね。

「自分なりに光り輝いていく」と思う道を選び、それで満足することが大事です。

第4章

学生時代に読んでおきたい本

What You Should Read As a Student

質問

社会に出てからの勉強は読書が中心になると思うのですが、学生時代や若《わか》いうちに読んでおいたほうがよいと思う書籍《しょせき》があれば、教えてください。

4

発刊《はっかん》される本の数が多く、読むべき本を絞《しぼ》り込《こ》みにくい現代《げんだい》

世の中には、さまざまな職業《しょくぎょう》があるので、どんな人にも通用するような本がズバリあるわけではないでしょう。

特に今の時代は、昔とは違《ちが》って発刊《はっかん》される本の数が多く、一年間に七万点から八万点もの本が出ています。そのため、いろいろな分野の人に共通して通用するような本があるかというと、ちょっとないかもしれませんね。

それは、時代が進んだ証拠《しょうこ》なのかもしれないので、その意味では、良いことなのでしょう。

明治時代であれば、『学問のすゝめ』や『西国立志編《さいごくりっしへん》』を読んでいれば、勉強

古典的名著を読む

している気持ちになれたでしょうし、国民が天皇陛下《てんのうへいか》の詔勅《しょうちょく》を読んでいる時代もあったようです。また、江戸《えど》時代であれば、読むものが少なかったこともあるとは思うんですけれども、多くの人が『論語《ろんご》』を読んでいました。

私は、数十年前、中国の人々が赤い表紙か何かの『毛沢東《もうたくとう》語録』を手に持って、みんなで振《ふ》っているシーンを見たことがありますが、「国民全員が同じものを読んでいる」ということが、必ずしも幸福であるかどうかは分からないところもあると思うんですね。

ただ、学生時代ということに限《かぎ》れば、やはり、古典関係のものは何か読んだほうがいいかもしれませんね。

ビジネスものなどの実用書は、実社会に出てからでもかなり読めるので、学生時代には、「実社会に出たら、忙《いそが》しくて読めなくなるかもしれない」と思うような、「古典的名著《めいちょ》」と言われている本を、自分の専門《せんもん》のなかから選んで、しっかり読んでおいたほうがよいと思います。

自分が成長するにつれて「愛読書」が変わってくる

ジャンルによって、それぞれ違《ちが》うでしょうが、学生時代に愛読書をつくれたら、それは大したものです。

人は、愛読書を持ちたがるものですが、愛読書と自分とが、ずっと〝競争〟していくんですよ。その愛読書なる本が、どこまで自分についてくるかという問題があるんです。

最初に読んだときに、ものすごく感激《かんげき》した本、例えば、中学時代に読んで感激した本、高校時代に読んで感激した本、大学時代に読んで感激した本などがあるでしょうが、そういう本について、社会人になって一年目ぐらいまでは、まだ

『次郎物語』『あすなろ物語』『狭き門』

「いい」と思うけれども、五年目ぐらいになってくると、「ちょっとどうかな」という感じがしてくることがあります。そういうふうに変わってくるんですよ。

それはなぜかというと、実は、著者《ちょしゃ》がその本を書いたときの年齢《ねんれい》と社会的経験《けいけん》が関係するからなんです。著者が経験していないことや、著者の年齢ではちょっと経験不能《ふのう》なことについて、自分が直面し、経験する年代になると、それまで愛読書だったものが落ちこぼれていくんですよ。

私の場合、小学校高学年のときには、下村湖人《しもむらこじん》の『次郎《じろう》物語』を読んで、「すごくいい本だ」と思いましたし、中学校に入ったら、井上靖《いのうえやすし》の『あすなろ物語』やアンドレ・ジイドの『狭《せま》き門』を読んで、すごくいいと思いました。

『狭き門』の文庫本の扉《とびら》には、「力を尽《つ》くして狭き門より入《い》れ」という『聖書《せいしょ》』の言葉があり、本文中にも、「滅《ほろ》びにいたる門は大きく、その路《みち》は広く、之《これ》より入る者おおし。生命《いのち》にいたる門は狭く、その路は細く、之を見いだす者すくなし」という言葉が書いてあります。

私はその言葉がとても好きで、高校から大学に入るころまでに、五、六回は読みました。一、二年置きに繰《く》り返し読んでいて、大学に入ったころまではもったのですが、その後《ご》、私の教養がだいぶ増《ふ》えてくると、著者であるジイドの限界《げんかい》が見えてき始めたんです。

この作品は、宗教《しゅうきょう》の入り口のところを描《えが》いたものではあるのですが、作者の人生観や人生経験の限界のようなものが見えてくるんですよ。それと、その禁欲主《きんよくしゅ》義《ぎ》のなかにある「転落の傾向性《けいこうせい》」のようなものが見えてくるんですね。

また、ジイドは、「やや同性愛《どうせいあい》の気《け》があった」とも言われています。そういうことは、中学生にはちょっと分からないことですが、いろいろなものを勉強していくと、「この人の本には、確《たし》かに同性愛的な傾向が出てくるな」ということが、だんだん分かってくるんです。

彼は、異性《いせい》に対する罪悪感《ざいあくかん》のようなものを強く持っているので、そちらのほうに傾《かたむ》いてくるのだなということが分かってきて、愛読書から落ちこぼれていった

『されど われらが日々──』

んです。

背伸《せの》びをせず、自分が共感するものを読む

それから、大学時代には、柴田翔《しばたしょう》氏の『されど われらが日々──』を愛読しました。彼はドイツ文学者であり、この作品で芥川賞《あくたがわしょう》を取っています。

この小説は東大が舞台《ぶたい》になっていて、安保闘争《あんぽとうそう》に参加した学生の話を描《えが》いたものです。ちょうど私が東大に入ったころに、好きで読んだ本です。

主人公とヒロインは婚約中《こんやくちゅう》だったのですが、さまざまな出来事を通じて、お互《たが》いの気持ちが少しずつずれていくんですよ。そして、最後に二人は別れてしまうんです。

そのような話がいろいろ書いてあり、舞台が駒場《こまば》だったりしたので、私も同じような場所にいたこともあって、「なんと純粋《じゅんすい》な小説だろう」と非常《ひじょう》に共感し、「いいな」と思って何度か読んだのです。

柴田翔氏は、そのころ、教養学部のドイツ語の授業《じゅぎょう》を担当《たんとう》していて、私は、「作家として本を書いている人に教わる」という経験《けいけん》を初めてしました。当時、彼は四十一歳《さい》ぐらいで、芥川賞を取って十年ぐらいあとだったと思いますが、東大でドイツ文学の助教授《じょきょうじゅ》をしていました。

彼は、スーツではなくジーンズの上下を着ていて、独特《どくとく》の雰囲気《ふんいき》のある人でした。いつもその格好《かっこう》でやってきて、教壇《きょうだん》に立つのではなく、教室前方の隅《すみ》に椅子《いす》を置き、そこにひざを組んで腰掛《こしか》けて、語りかけるように授業をするんですね。

確《たし》かに文学者の雰囲気が漂《ただよ》っていて、「この先生の本を読んでいるのだ」と思ったりしながら、彼の本を一生懸命《いっしょうけんめい》に読んでいたんです。やがて東大の文学部長にまでなった人なので、この世的にも、ある程度《ていど》は成功したのではないかと思い

共感する本を読む

ます。

『されど　われらが日々――』という作品は、雨の日の古本屋という、本の匂《にお》いがするようなところから文章を書き出していて、文章もとても上手《じょうず》だし、純粋で、男女の恋愛《れんあい》の描写《びょうしゃ》も実にリアリティーがあったので、共感していたのです。

ところが、私が実社会に出て何年かたち、いろいろなことを知ったり、勉強したり、ほかの本を読んだりしたあとで、もう一度、読んでみたら、「狭《せま》い世界に生きているのだな。学生だけを相手に生きている人の世界観というのは、狭いのだな」ということを感じたわけなんですね。

在学《ざいがく》当時、高校の同級生で、同じ大学に行っていた友達《ともだち》がいたので、「柴田翔の本はどうだい？　僕《ぼく》はいいと思うよ」という話をしたら、向こうも少し読んでいたようでした。彼は、「あの本は残ると思うか」と訊《き》くので、「残るんじゃないかと思うよ」と私は答えたのです。

ところが、彼は、「そうかなあ。僕は、何年かして年を取ったら、あの人の本は読めなくなるような気がする」と言ったんです。当時は、彼のほうがちょっと上手《うわて》だったのかもしれませんね。三十歳を過《す》ぎたら、やはり、もう読めなくなったので、彼の言うとおりでした。

その後、彼は裁判官《さいばんかん》になり、最高裁《さいこうさい》入りをしたので、かなりの秀才《しゅうさい》だと言えるでしょう。

読書においても、やはり、そのときどきの自分に合ったレベルというものがあるので、背伸《せの》びをして読んでも分からないことがあるかもしれません。その時点で自分が共感するものを読めばよいのだと思います。

学生時代に読んだ本は記憶《きおく》に残る

ただ、自分の専門《せんもん》分野のなかで、「古典的名著《めいちょ》」と言われるものがあったら、

郵便はがき

料金受取人払郵便

赤坂局承認

7320

差出有効期間
2025年10月
31日まで
(切手不要)

1 0 7 - 8 7 9 0

112

東京都港区赤坂2丁目10−8
幸福の科学出版(株)
読者アンケート係 行

ご購読ありがとうございました。お手数ですが、今回ご購読いただいた書籍名をご記入ください。

書籍名

フリガナ お名前	男・女	歳
ご住所 〒 都道府県		
お電話( ) −		
e-mail アドレス		
新刊案内等をお送りしてもよろしいですか? [はい(DM・メール)・いいえ]		
ご職業 ①会社員 ②経営者・役員 ③自営業 ④公務員 ⑤教員・研究者 ⑥主婦 ⑦学生 ⑧パート・アルバイト ⑨定年退職 ⑩他( )		

プレゼント＆読者アンケート

皆様のご感想をお待ちしております。本ハガキ、もしくは、右記の二次元コードよりお答えいただいた方に、抽選で幸福の科学出版の書籍・雑誌をプレゼント致します。

（発表は発送をもってかえさせていただきます。）

1 本書をどのようにお知りになりましたか？

2 本書をお読みになったご感想を、ご自由にお書きください。

3 今後読みたいテーマなどがありましたら、お書きください。

ご感想を匿名にて広告等に掲載させていただくことがございます。

ご記入いただきました個人情報については、同意なく他の目的で使用することはございません。


ご協力ありがとうございました！

学生時代に読んだほうがよい本

・専門分野の「古典的名著」
・ある程度、世間から認められている人の「人生論」

やはり読んでおいたほうがよいと思います。

それは学部によっても違《ちが》うでしょうが、そういう本をじっくり読める時期はあまりないので、できるだけ読んでおいたほうがよいでしょう。

私は、教養学部時代というものを、ほんとうに文字どおりに捉《とら》えてしまい、「この二年間は、一般《いっぱん》教養を身につける時代だ」と思っていたので、専門分野の勉強はあまりやらず、教養の本ばかりを読んでいたのです。

ほかの人たちが専門の予備校《よびこう》などに行っているのを知らずに、一般教養に励《はげ》んでいたのですが、いわゆる古典ものは、わりに手を出して読んでいました。文庫や新書でかなり手に入るので、学生でも読めると思います。学生時代は、お金も惜《お》しいので、本は選びに選んで買っているでしょう。そのため、学生時代に読んだ本というのは、わりに、あとあとまで残るんですよ。

その後、何十年かたって、自分の思想形成のルーツを見ると、学生時代に読んだ本や、サラリーマン時代に、なけなしの時間をひねり出し、頑張《がんば》って読んだ本については、やはり非常《ひじょう》に鮮明《せんめい》な記憶《きおく》がよく残っています。

だから、自分の専門のなかで古典的な名著と思われるものは、時間をかけてでも少しずつ読んだほうがよいし、あとは、それとは別に、人生論《ろん》ものなどを勉強として読んだほうがよいと思うんですね。

どれが自分に合うかは人それぞれだろうと思いますが、ある程度《ていど》、社会的に活躍《かつやく》していて、世間から認《みと》められている人が、人生論的なことを述《の》べているものについては、勉強して知っておいたほうがよいと思います。

それは必ずしも本だけとは限《かぎ》りません。青春出版社《しゅっぱんしゃ》から「ビッグ・トゥモロ

思いは実現する

ウ」という雑誌《ざっし》が出ていますが、私の若《わか》いころには、その雑誌に渡部昇一氏や竹村健一氏などの評論家《ひょうろんか》たちの論考《ろんこう》が写真入りのページで掲載《けいさい》されていたんです。彼らは、もう八十歳《さい》が近づいてきていて、最後の輝《かがや》きの時代に入っていると思いますが、当時は五十歳前後でした。ちょうど、今の私ぐらいの年齢《ねんれい》です。

そして、二十代の若者《わかもの》向けに、毎回、人生のいろいろな悩《なや》みに答えていました。たいてい、ささやかな悩みなのですが、それに対して、彼らが回答しているのを見て、私は「自分も、二十年、三十年後には、こんなふうになれるといいな」と思っていたのです。

今、現実《げんじつ》にそのようになっているので、若いころに思ったことというのは実現《じつげん》していくものなんですよ。

芋《いも》のつるをたぐるように本を読んでいく

人間は、「この人のようになりたいなあ」と思うと、やはり、その人がしたことをまねたくなるものです。

それで、私がどうしたかというと、その評論家《ひょうろんか》たちはみな本をよく読んでいる人だったので、彼らが紹介《しょうかい》している本を次々に読んでいったのです。

これを「つるったぐり読書法」といいます。好きな著者《ちょしゃ》が、「良い本だ」と言っていたり、著書《ちょしょ》のなかで言及《げんきゅう》したりしている本などを、芋《いも》のつるを引っ張《ぱ》ってたぐるように次々と読んでいくわけです。

だから、何を読んだらよいかが分からない場合には、自分が気に入った著者が、参考文献《ぶんけん》として使っていたり、「良かった」と書いていたりする本を読むことです。

それを読むと、次に読むべき本が出てくるので、それを読みます。そうすると、また次の本が出てくるので、それを引っ張り出して読みます。そういう、「つるったぐり」の要領《ようりょう》で読んでいってもよいと思います。

やはり、今の若《わか》い人、学生に対して、「これこそは」という本を絞《しぼ》り込《こ》むのは、これだけ情報《じょうほう》が増《ふ》えている現代《げんだい》では、やや無理があると思います。

身銭《みぜに》を切って本を買うことの意味

ちょうど私が大学に入った年に、渡部昇一氏の『知的生活の方法』という本が新書判《しんしょばん》で出たんです。

この本は、「本に囲まれた生活」というものを、若《わか》い研究者などを想定して書かれたものだったのですが、当時、百万部ぐらいのベストセラーになりました。非常《ひじょう》に刺激的《しげきてき》な内容《ないよう》で、私も影響《えいきょう》はずいぶん受けましたね。

ただ、今の視点《してん》で読むと、引用している文献《ぶんけん》も古いし、生活パターンもかなり古いのです。

同書には、「クーラーは体に悪いと言われているが、クーラーを買ったほうがいい」というようなことが書いてあるので、今では、もう古いでしょうね。

当時は、クーラーというものは客間ぐらいにしかなかったんですよ。しかし、「書斎《しょさい》にクーラーを入れたら、ひと夏の勉強のはかどり方がぜんぜん違《ちが》った。以前は、軽井沢《かるいざわ》に別荘《べっそう》を持っている人がうらやましかったが、これで軽井沢へ行かなくても済《す》む」というようなことが書いてあります。

「ヨーロッパは夏が涼《すず》しいので、ヨーロッパの学者は夏にも勉強ができるけれども、日本の夏は暑いので、三カ月ぐらい勉強ができず、損《そん》をしている。クーラーこそが神代《かみよ》以来の発明だ」と述《の》べて、「クーラーのすすめ」をずいぶんしてい

個人蔵書を持つ

ます。

クーラーの話は今ではもう時代遅《おく》れになっているでしょう。

もっとも、「個人蔵書《こじんぞうしょ》を持て」という部分は、そのとおりであり、私もその影響を受けました。

「身銭《みぜに》を切って本を買わないと、やはり勉強にはならない。自分で買った本には、やはり〝痛《いた》み〟がある」というわけです。

自分の財布《さいふ》からお金を出して買った本については、読まなかったら、それなりの罪悪感《ざいあくかん》が残るものなので、「身銭を切って本を買い、本を集めなさい」と言っているのです。

本は図書館でも借りられるし、今なら、インターネット等でも文献を調べることはできるでしょうが、「身銭を切って本を買う習慣《しゅうかん》をつけたほうがよい」と言っている部分については、ずいぶん影響を受けましたね。

ただ、今の学生には少し内容が難《むずか》しいかもしれません。

本を読んで知識《ちしき》を増《ふ》やさないと「考える」ことはできない

『知的生活の方法』が出る二十年ぐらい前には、清水幾太郎《しみずいくたろう》という社会学者が活躍《かつやく》していました。一九六〇年ぐらいの安保闘争《あんぽとうそう》の時代には、その世代のオピニオンリーダー的存在《そんざい》でした。

渡部昇一氏は、その人の考えをいちおう下敷《したじ》きにしながら、そのアンチテーゼとして、自分なりに反論《はんろん》するようなかたちで『知的生活の方法』を書いたんです。

けれども、彼らの世代が活躍する時代もだいたい終わってきたので、「次は、私ぐらいの世代が、そういう話をしなければいけない時期なのかなあ」と思って

「考える」材料を集める

います。

ただ、言えることとは、「本を読んで、ある程度《ていど》、知識《ちしき》を増《ふ》やさなければ、考えることができない」ということです。勉強をしていないと、考えることができないのです。知識は、考えるための材料なんですよ。

今のサラリーマンは、平均《へいきん》で年に二冊《さつ》か三冊ぐらいしか本を読まず、あとは週《しゅう》刊誌《かんし》ぐらいしか読まないのが普通《ふつう》のようです。

そのため、こちらが、ある程度、本を読んでいる場合、あまり本を読んでいない人の会話を聴《き》くと、それだけで、その人がどんな本を読んでいるかがすぐに分かってしまいます。

そういうことを、私が二十代後半ぐらいのときに、すでに経験《けいけん》しました。会話をしてみると、その人の読んだ本がだいたい分かってくるのです。

今後、若者《わかもの》たちを引っ張《ぱ》っていく本とは

その時代時代において、大事な本というものがあると思いますが、今の時代において大事な本になるのは、言いにくいことではありますが、おそらく、私の本だろうと思います。私の本には、少なくとも今後三十年ぐらいは、若《わか》い人たちを引っ張《ぱ》っていく考え方が入っていると思います。

私の強みは、専門領域《せんもんりょういき》がかなり広く、いろいろな分野にまで目を通していることと、古典など古いものも読んでいるけれども、現在《げんざい》ただいまの現代的《げんだいてき》なものにもアンテナを張ってかなり見ていることです。「現在ただいまがどうなっていて、未来がどうなるか」ということを、いつも気にかけていて、昔と今の両方を見ています。

海外の情報源を持つ

さらに、「日本語以外の英語のものを、かなり読んだり聴《き》いたりできる」というところが、やはり、情報源《じょうほうげん》としては大きいですね。

英語が分かると、ものの見方が立体的になる

本の話とは少し離《はな》れますが、英語が分かると、ずいぶん違《ちが》います。

日本のテレビや新聞には、やはり偏向《へんこう》がありますし、それだけでは、どうしても知識《ちしき》の限界《げんかい》が生じます。例えば、ＣＮＮやＢＢＣと、日本のテレビとでニュースを見比《みくら》べると、その内容《ないよう》の落差は、もう唖然《あぜん》とするほどですよ。

結局、「日本語しか使えない記者たちは、世界各地では取材ができない」ということなのです。「海外で取材ができるほどには英語ができない」ということなんですね。

だから、CNNやBBCの記者が、いろいろな国へ行き、戦場などで、どんどん取材をしているのに比べると、日本の記者の取材などは、ほとんどが事後処理《しょり》になっています。事件がおおかた終わってから、大まかな内容を少し報道《ほうどう》するぐらいなのです。現在《げんざい》進行形で事件《じけん》が動いているときには、たいてい現場《げんば》にいないので、分からないのです。

新聞もそうです。日本の新聞にも情《なさ》けないものがあります。例えば、「ヘラルド・トリビューン」と日本の新聞を読み比べてみると、扱《あつか》っているテーマが明らかに違います。

結局、日本の場合、ほとんどが国内ニュースなのです。その意味で、やはり日本は島国であり、閉鎖性《へいさせい》があることがよく分かります。

以前、インドを視察《しさつ》しに行ったときに、ホテルでインドの英字新聞を読んだのですが、内容がよく分かりませんでした。「ニューヨーク・タイムズ」や「ウォールストリート・ジャーナル」を読める私が、インドのデリーの新聞が読めない

情報の偏りを防ぐ

はずはないのですが、その新聞にはインド国内のローカルニュースばかり書いてあったために、私には分からなかったわけです。「誰々《だれだれ》さんが、どこそこの町で、何々をした」とか、「どこそこで何々の試合があって、どちらが勝った」とかいうような話ばかりが、たくさん出てくるので、読んでも分からないんですよ。

おそらく、外国人が日本の新聞を読んでも、同じようなことになると思います。「政治家《せいじか》の派閥《はばつ》争いで、○○派《は》と××派が足の引っ張《ぱ》り合いをしている」というような記事を読んでも、おそらく、「これは何だろう」という感じになるでしょうね。

だから、日本の新聞や雑誌《ざっし》を読むのも大事ですが、国内のニュースばかりに偏《かたよ》りすぎているので、やはり何らかの外国語をツールとして持っておくことが大事だと思います。情報《じょうほう》の偏りを防《ふせ》ぎ、ものの見方のバランスを取る意味で大事なのです。

私が志したこと

- 専門領域の幅を広げる
- 代表的な古典を読む
- 現代的なものにもアンテナを張る
- 外国のものにも関心を持つ
  →いろいろな角度から立体的に見る

私が志《こころざ》したことは、今述《の》べたように、専門《せんもん》のジャンルを増《ふ》やすことや、代表的な古典はきちんと読み、古いものと現代的《げんだいてき》なものの両方をきちんと見ること、それから、日本そのものに関心を持つと同時に、外国のものにも関心を持つことです。

異文化《いぶんか》について、比較《ひかく》対照をして見る目を持ち、いろいろな角度から立体的にものを見るように心掛《こころが》けているんです。

私の発言のなかに、みなさんがまったく初めて聞くような話がよく出てくる理由は、そういうことなんですね。ただ、そこまで行くには、かなりの努力が要《い》ります。

新聞を読み通す

大学入学後、「知力」を高めるために私がしたこと

大学に入ったころの私は、はっきり言って、そんなに知力は高くなかったように思います。大学一年のときには、まだ、新聞は難《むずか》しく感じました。

受験では、やはり、参考書や問題集に長く取り組んだ人のほうが、点数はどうしても上がるんですね。だから、本をたくさん読んだり、新聞などをよく読んだりしていると、試験の点数につながらないので、そういうものは禁欲《きんよく》しなければいけなくなるんです。

ここが受験のいちばん酷《こく》なところです。私は、これが、いちばんつらかったんですよね。

そのため、大学に入ってからは、堰《せき》を切ったように読書欲《よく》が出てきたんですが、最初は、「新聞を隅《すみ》から隅まで読む」ということをやりました。

当時の学生には朝日新聞を取る人が多かったのですが、「朝日新聞の最初の一ページ目から最後のページまで、全部の記事を読み通す」ということを、大学一年のときに、四月から六月ぐらいまで、三カ月ぐらい続けたんです。

そうすると、いろいろなニュースがだいぶ分かるようになってきました。

それまでは、はっきり言って、政治《せいじ》や法律《ほうりつ》、経済《けいざい》、国際《こくさい》問題のニュースなどに対しては、やはり少し難しい感覚があったんです。大学に入ったばかりの段階《だんかい》では、少しまだ難しかったんですね。私はまだそのレベルだったので、新聞を一通り全部読む訓練をしたわけです。

新書で知識を増やす

ハードカバーの本や体系書《たいけいしょ》を読みこなすための方法

大学に入って最初に読んだ本としては、易《やさ》しい感じの新書が、読みやすくて良かったですね。「新書を読んで、少し知識《ちしき》量を増《ふ》やしてから、ハードカバーの本にトライする」というやり方をしました。

入門書を二、三冊《さつ》ぐらい読んでから、ややガッシリとしたものに取りかかったらよいと思います。

私が教養学部時代に読んだ、内容《ないよう》の重い本の記憶《きおく》としては、例えば、マックス・ウェーバーという社会学者の本があります。マックス・ウェーバーの本は、とても難《むずか》しくて、読むのに時間がかかるんですが、そういうものを読んだりしま

知力を高めるヒント

- 新聞を隅から隅まで読み通す
- 入門書で知識を増やす
- その上で、ハードカバーの本や体系書にトライする

した。

社会学というのは、実は、あらゆる学問に通じているんですね。マックス・ウェーバーは、ほとんどの学問領域《りょういき》に手を伸《の》ばしている人だったので、彼の社会学の本を読んだことが、私自身がいろいろな学問領域に手を出すきっかけにはなったかもしれませんね。

あとは、やや古典になりますが、クラウゼヴィッツという人の『戦争論《ろん》』を読みました。これは、けっこう厚《あつ》い本です。

私が大学に入った年の夏に、父が胃潰瘍《いかいよう》で四十日ぐらい入院したのですが、ちょうど夏休みだったので、帰省して病院に見舞《みま》いに行ったの

『戦争論』

です。

日中は側《そば》に付いていなければいけなかったので、「すぐにはなかなか読めないような本がよい」と思って、クラウゼヴィッツの『戦争論』を持っていったんですね。二段組《だんぐ》みで、けっこう厚い本だったので、すいすいとは読めないんですが、病人の横に座《すわ》って、ひと夏、その本を読んで暮《く》らしました。

病人の横で『戦争論』を延々《えんえん》と読んでいる私を、医者が、珍《めずら》しそうに、不思議そうに見ていました（笑）。

この本は、国際政治学《こくさいせいじがく》の原点に位置する本です。「戦争とは外交の延長《えんちょう》である」という有名な言葉は、クラウゼヴィッツの言葉なんですね。外交に失敗したときから戦争が始まるんです。

だから、『戦争論』といっても、実は外交についての内容から始まっているんです。そういう、戦争そのものを体系化《たいけいか》した本であり、私は当時、「国際政治学者になろうかな」とも思っていたので、古典の一つである同書を、ひと夏、丁寧《ていねい》に読んだのを覚えています。

また、病室では、この『戦争論』のほか、マックス・ウェーバーの社会学の本も読んでいました。変な学生のように思われながら、徳島《とくしま》の病院で、父の横に座り、そういう本をずっと読んでいたんです。

そういう本は、ほかにすることがない暇《ひま》なときに読むのにちょうどよいので、「こういうときにこそ読んでやろう」ということだったんですが、それが良かったと思いますね。

わが家に起きた土地紛争《ふんそう》での交渉《こうしょう》体験

あとは、そういう古典を読むだけではなくて、大学三年のころに、実社会で役に立つことを少し経験《けいけん》したのが良かったですね。

実社会で役立つ経験をする

今はもう売ってしまってありませんが、当時、徳島《とくしま》の実家には、私が勉強に使っていた「離《はな》れ」がありました。その離れの隣《となり》には食糧事務所《しょくりょうじむしょ》があり、そことの境界線《きょうかいせん》をめぐって、実は、わが家と土地紛争《ふんそう》が起きたんです。

昔は測量《そくりょう》がいいかげんだったので、図面と実際《じっさい》とが違《ちが》うんですね。向こうの側の測量とうちの側の測量が違っているため、「境界をどうするか」という土地争いが起きたわけなんです。

向こうは、木造《もくぞう》の建物を鉄筋《てっきん》に建《た》て替《か》えようとしていて、自分たちの土地の境界いっぱいまで、がっちり囲って建てるつもりでいたんです。ところが、父は、「そこはうちの土地だ」と言い張《は》っていて、私に、「おまえは法学部の学生なのだから、何とかしろ」と言うわけです。

法学部の学生といっても、教養学部時代には一般《いっぱん》教養しか勉強していなくて、三年生になって法律の勉強を始めたばかりだったので、ほんとうは大して知識《ちしき》がなかったんです。

しかたがないので、民法の本などで、契約《けいやく》に関する法律《ほうりつ》を必死でいろいろと調べて、法学部の学生らしく法律的な文章を書き、とりあえず、その食糧事務所所長宛《あて》に、地元の川島郵便局《かわしまゆうびんきょく》から内容証明《ないようしょうめい》郵便を送りつけたんです。

内容証明郵便を送るなど、生まれて初めてのことでしたが、向こうも、内容証明郵便なるものを受け取ったのは初めてだったので、びっくりしてしまったんですね。

川島町から東大法学部に入ったのは私が二人目で、五十年ぶりのことだったこともあって、食糧事務所の所員たちは、「うちの所長がいくら頑張《がんば》っても、絶対《ぜったい》に敵《かな》わない。五十年ぶりの秀才《しゅうさい》が相手だから、赤子の手をひねるようにやられるに違いない」と言っていたそうなんです。

ところが、こちらは法律の勉強を始めたばかりでしたし、実は政治学《せいじがく》のほうを目指していたので、法律のほうはあまり勉強していなかったんです。ほんとうは、やっとの思いでそれらしい文章を書いただけなんですが、先方から、六十歳《さい》近い

“紛争の科学”としての法律

所長と、その部下が二、三人ぐらい来たので、父と私とで会い、境界線の交渉《こうしょう》をしたんです。その結果、こちらの主張《しゅちょう》が通ったんですよ。

そのときに、「〝紛争の科学〟として、法律も少し面白《おもしろ》いかもしれない」と私は思ったんです。「法学部なのだから、やはり法律の勉強ができなければいけないのかな」と思って、それから、法律の勉強を少しするようになったりもしました。

やや脱線《だっせん》しましたが、できれば、いろいろな学問に通じるようなベーシックなものについては、何か読んでおいたほうがよいと思いますね。

私は、学校の参考書以外では、今述《の》べたように、社会学系統《けいとう》のものを読んだことが、あとで、いろいろな領域《りょういき》に入っていくきっかけになったかもしれません。

私が本好きになったのは、渡部昇一氏の本がきっかけだったとは思うのですが、その本は、今の人にとっては、ちょっと古くなっているだろうと思うので、今度は、私自身がそれに当たるものを書かなければいけないと思っています。

専門分野の「古典的名著」を熟読し、
あとは、「つるったぐり読書法」などで、
考える材料（知識）を増やしていくことです。

第5章

勉強や仕事に意義を見いだす

Finding the Meaning of Learning and Work

質問

友人の多くは、勉強の意義《いぎ》をなかなか見いだせないためか、あまり勉強していないように思います。特に、「経済学《けいざいがく》の授業《じゅぎょう》は、内容《ないよう》がピンと来なくて難《むずか》しい」という声をよく聞きます。

また、就職後《しゅうしょくご》も、仕事を義務《ぎむ》と捉《とら》えているため、挫折《ざせつ》するとすぐ辞《や》めてしまう傾向《けいこう》があります。

こうした若者《わかもの》が、勉強や仕事で"生きがい"を持つには、どうすればよいでしょうか。

5

経済学《けいざいがく》や経営学《けいえいがく》は、社会に出てみないと、ほんとうは分からない

まず、前半の質問《しつもん》のほうから答えていきましょう。

経済学《けいざいがく》は、たぶん、学生が勉強しても、ほんとうは分からないのではないでしょうか。本を読んでも授業《じゅぎょう》を聴《き》いても分からないと思うんです。

社会に出て働いたら少し分かるのですが、学生のときには、経済学の授業を聴いても、教科書や本を読んでも、たぶんイメージが湧《わ》かないと思うんですよ。

私の記憶《きおく》でも、学生時代には、父から、勤《つと》め先でやっている仕事のことをちらっと聞いても、よく分からなかったのを覚えています。

父は、仕事を家に持ち帰ってきて、日曜日に、レポートや論文のようなものを

仕事が“見える”こと

いろいろ書いていたのですが、その父と話しているなかで、「書類」と言われても、その〝書類〟の意味がよく分かりませんでした。

もちろん、言葉の意味は分かっていますよ。要するに、私自身、まだ仕事をしていないので、「書類って、どんなものなのか」というのが、空想の域《いき》を出ず、どうしても、ぼんやりとしていて、分からなかったんですよ。

学生時代は、「書類仕事っていうけど、いったい、どんな仕事をしているんだろう」と思っていたのです。

法学部の学生でも、そんなものでした。やはり、仕事が見えていないんですね。

だから、経済学部の学生も、仕事の経験がないので、おそらくは、よく分からないのではないかと思うんです。私は法学部ですが、経済学も必修《ひっしゅう》科目としてあったし、必修外でも少し勉強したので、その感じは分かります。

アメリカには、「実社会に出て何年かしてから、ＭＢＡ（経営学修士《けいえいがくしゅうし》）などの資格《しかく》を取るために大学に戻《もど》ってきて、大学院で勉強する」というシステムがありますが、あれは確《たし》かに理に適《かな》っているのかもしれません。

実際に仕事をした経験が何年かないと、経営学の授業を聴いても分からないので、MBAを取る前に〝仕事経験〟を求めているんです。それだったら話が通じてくるし、教授にも、仕事経験のある人を据《す》えていることが多いので、授業の内《ない》容《よう》がいいんですね。

けれども、日本の大学の場合は、教授に、そもそも外での仕事経験がない人が多いし、学生も、家庭教師《きょうし》や売り子などのアルバイトぐらいは経験があるかもしれませんが、本格的な仕事の経験はないのです。

お互《たが》いに分からない者同士で、授業をしたり、されたりしている可能性《かのうせい》が極《きわ》めて高いと思うんです。

商法を勉強する

私も学生時代、手形法《てがたほう》・小切手法《こぎってほう》を勉強してもよく分からなかった

私の例を言うと、私は法学部で法律《ほうりつ》を勉強しましたが、いちばん分かりにくかったのは、商法の「会社法」や「手形法《てがたほう》・小切手法《こぎってほう》」でした。授業《じゅぎょう》を聴《き》き、勉強もしましたが、どこか遠い世界の話のようで、よく分からないんですね。

会社法といっても、会社がいったい何をしているのかが、そもそも分からないんです。法律的な解説《かいせつ》を一生懸命《いっしょうけんめい》に覚え、テストで答案を書けるように勉強はするのですが、会社なるものが分からなくて、何を勉強しているのか、分かっているような、分かっていないような感じでした。当時は、手頃《てごろ》な入門書もありませんでしたしね。

手形法や小切手法に至《いた》っては、見たことのないものを勉強して答案を書いているので、これは苦しい戦いでした。

「先生は見たことがあるんですか」と訊《き》いたら、「いや、私も、一回、手形や小切手を見てみたいものだな。どこかに行って、一度、見せてもらおうと思うんだ」なんて言っていました（笑）。

「教えているほうも見たことがない」というのでは心細いかぎりです。その人は、手形をつくったことも小切手を切ったこともない人だったんです。

商社時代に、貿易《ぼうえき》手形をつくり、小切手を切る経験《けいけん》をした

やがて、社会に出てからは、手形を自分でつくる機会がありました。

貿易手形をつくる

手形といっても、日本語の手形ではなく英語の手形です。外国為替《かわせ》の手形、いわゆる貿易《ぼうえき》手形です。

例えば、トヨタ自動車が、「車を一万台、アメリカに輸出《ゆしゅつ》する」という契約《けいやく》を結ぶとしましょうか。そうすると、「こういう種類で、こういう性能《せいのう》の車を、一万台、単価《たんか》いくらで輸出して、合計いくらになる」という書類と、それに合わせた請求書《せいきゅうしょ》の部分が、貿易手形になるんです。

商社勤務《きんむ》時代、私は外国為替関係の部署《ぶしょ》にいましたが、そこは、貿易手形をつくらなければいけない部署だったため、そこで、手形なるものを初めて見たというか、つくる仕事をしました。

あと、入社二年目、アメリカのニューヨーク本社へ派遣《はけん》されたときに、小切手を使う機会がありました。

アメリカでは、日本のようにキャッシュ（現金《げんきん》）では支払《しはら》いません。泥棒《どろぼう》が多いので、現金は二十ドルぐらいまでしか持って歩きません。「百ドルも持っていたら、いつ強盗《ごうとう》に襲《おそ》われるか分からない」という感じなのです。日本人のように一万円札をたくさん持ち歩かないので、使うのは小切手だったんです。だから、犯罪《はんざい》が少ない日本では、小切手というのは、どうしても流行《はや》らないですね。

小切手帳をもらい、小切手にサインして、ピッと切って払うわけです。「これで、よく信用されるものだな」と思うけれども、アメリカは小切手社会なのです。

それで、一カ月ぐらいたったら、銀行から自宅《じたく》に使用明細が送られてくるんですよ。使った小切手が、全部、銀行に送られて、確《たし》かに決済《けっさい》されていることが分かるんです。

もし銀行口座《こうざ》の残高が足りなかった場合には、アンペイド（不払い）になります。そうなると、いちおうリストに名前が載《の》って、「この人はアンペイドを出した」ということが記録されるのです。

だから、アメリカは意外に、すごい契約社会で、信用社会なんです。二十代の

小切手を切る

若《わか》い人でも、小切手にサインするだけで、いくらでも物が買えるんですね。日本だったら、小切手を切っている姿《すがた》なんて、大金持ちなら想像《そうぞう》ができても、二十代ぐらいの人だったら、ちょっと考えられないでしょう。

私も、ニューヨーク時代には、買い物は全部小切手でしていたんですよ。「すごい信用社会なんだな」と驚《おどろ》いたのを覚えています。

それまで見たことがなかった手形・小切手を実際《じっさい》に使う経験をしたわけですが、そのときには、大学で勉強した手形法や小切手法の知識《ちしき》はもう雲散霧消《うんさんむしょう》してなくなっていて、実際に使った経験だけが残りました。

また、当時、大蔵省《おおくらしょう》の国際金融局《こくさいきんゆうきょく》（現財務省《げんざいむしょう》国際局）だったかに勤《つと》めていた友人が、あるとき、「『外為《がいため》』『外為』って言うけど、外国為替というのを見たことがないので、一回、見せてくれないか」と言ってきたことがありました。「相手にしている暇《ひま》はない。私は忙《いそが》しいんだ」と言って断《ことわ》ったのを覚えていますが（笑）、そういうところの人であっても、知識が〝机上《きじょう》の空論《くうろん》〟で実物を知らないんですね。

手形や小切手のことは、自分で使ってみて初めて分かりましたが、授業《じゅぎょう》を聴《き》いただけでは、手形法や小切手法はよく分かりませんでした。

会社法についても、「会社とは何であるか」「会社の種類には株式《かぶしき》会社や有限《ゆうげん》会社がある」「会社の設立基準《せつりつきじゅん》」など、いろいろなことが書いてあるのですが、結局、学生時代には、よく分からなかったことを覚えています。

経営学《けいえいがく》の教授《きょうじゅ》だからといって、実際《じっさい》に経営ができるとは限《かぎ》らない

私は大学で科目として経営学《けいえいがく》も取りました。試験があるので、いちおう、大学の先生の書いた教科書を読んで答案も書きましたが、教科書を読んでも、「経

“机上の空論”を戒める

営学なるものが、いったい何なのか」ということは分かりませんでした。

実際《じっさい》に組織《そしき》を運営して初めて、経営なるものの正体が分かってきたのです。人を雇《やと》ったり、お金を動かしたり、建物を建てたり、出版社《しゅっぱんしゃ》をつくったりと、実際に事業をやり始めたら、経営なるものの正体が分かってきましたが、大学で経営学そのものを習っても、どうしてもピンと来なかったんです。

私が使った教科書は東大の教授が書いていました。岡本教授という企業《きぎょう》経営の教授で、わりに有名な人だったんですが、「先生は経営ができるんですか」と訊《き》くと、「私は、文献《ぶんけん》を読んで本を書いているだけで、経営ができるかどうか分からない」と言っていました。

それから、私は、会社に勤《つと》めているとき、財務《ざいむ》関係の仕事をしていましたが、審査部《しんさぶ》というところに六年ぐらい上の先輩《せんぱい》がいました。

審査部とは、一般企業《いっぱんきぎょう》では法務部《ほうむぶ》に当たる部署《ぶしょ》で、法律《ほうりつ》関係の審査をしています。商社での法律上のトラブルや、「外国との貿易《ぼうえき》で、どういうトラブルが生じ、どう解決《かいけつ》したか」などという、非常《ひじょう》に重要な案件《あんけん》を扱《あつか》っていて、ケーススタディーが豊富《ほうふ》なのです。

その審査部にいる先輩から、こういう話を聞いたことを覚えています。一橋大学の商学部の教授だったと思いますが、ある教授が、「貿易上の法務トラブルとして、どういう事例があるか、資料《しりょう》をよこしてほしい」と言ってきたそうなのです。

その先輩は、「学問的研究なので、先方は、『当然、無料だ』と思っているかもしれないが、こっちは忙《いそが》しいんだ。そんなことの相手はしていられない。なぜ、うちのトラブルの内容《ないよう》を、全部、見せなければいけないのか。『外国企業との間で、こういうトラブルがあり、こういう裁判《さいばん》になって、こうやってその紛争《ふんそう》を解決した』という事例を、なぜ、こちらでコピーして、差し出さなければいけないのか」と憤慨《ふんがい》していました。

その教授は有名な人でしたが、結局、お断《ことわ》りをしたようでした。

東大経済学部の“定説”

要するに、その教授のほうは、実物を見たことがないので、どんなものなのか知りたがっていたのです。実際に紛争解決にかかわった人だったら分かるのでしょうが、経験がないので、そういう資料をもらおうとしていたわけです。だけど、その姿勢《しせい》自体は偉《えら》いのかもしれません。

そのような状態《じょうたい》なので、「大学の経済学《けいざいがく》の授業自体を聴《き》いても、よく分からない」というのは、そのとおりでしょう。

私の学生時代には、先生のほうが、「東大の経済学部の教授で、経営ができる人は、一人もいない」と自信を持って言っていて、それは〝定説〟でした。先生のほうが、胸《むね》を張《は》って、そう言っていたのですから、どうしようもありません。

学生も気づいていない、日本の学問の欠点とは

この辺について、アメリカは、仕事の経験《けいけん》のある人を大学に呼《よ》んだりしているので、確《たし》かに偉《えら》いと思います。日本の大学は、〝象牙《ぞうげ》の塔《とう》〟とも言われるように、人材を下から引き上げてくるので、仕事の経験をしないままで、けっこう教授になれることがあるのです。

あと、ありうるのは、企業《きぎょう》の協力を得て、フィールドワーク的にリサーチさせてもらうようなことでしょう。そういうことしかないと思うんです。

だから、日本の場合、学問的に役に立たないことが多いんですね。

同じく経営学《けいえいがく》でも、ピーター・F・ドラッカーという人は、実際《じっさい》にGM（ゼネラル・モーターズ）などの企業にコンサルタントとして入った経験から、経営学

実務経験の大切さ

の体系書《たいけいしょ》をつくっています。ドラッカーには、抽象化《ちゅうしょうか》して体系化する能力《のうりょく》があったのでしょうが、彼の本には、やはり、役に立つところがありますね。

「授業を聴《き》いても分からなくて、勉強と自分とが遊離《ゆうり》している」と学生が感じるのは、ある意味で、日本の学問の欠点であると思うんですよ。

先生自身、経営や仕事のことを知らないまま教えているし、学生も、分からないのに聴いているようなところがあります。

だから、答案で「優《ゆう》」を取ったからといって、実は、それが、経済《けいざい》が分かったり経営ができたりすることにはつながらなくて、「その先生の学説を、よく理解《りかい》し、暗記できたかどうか」ということにしかすぎない場合がよくあるのです。

私は大学では法律学《ほうりつがく》や政治学《せいじがく》を専攻《せんこう》したのですが、会社に勤《つと》めてから実際にタッチしたのは「経済」や「経営」関係でした。そうすると、経済関係の本やビジネス書を読んでも、「ああ、こういうことなんだな」と、その意味が分かってきたのです。

最初は貿易実務《ぼうえきじつむ》の本あたりから読み始めました。それから、金融《きんゆう》の本を読み出し、だんだん余力《よりょく》が生まれて、会社全体のことを考えるようになると、経営レベルの本に手を出すようになっていきました。そのころに、いろいろと勉強したものが、今、役に立っているんです。

経済を理論《りろん》だけで教えることには、やはり少し無理があって、ほんとうは多少の実務経験が要《い》るのかもしれませんね。

だから、学生たちに、「大学の授業」と「自分」とが切り離されているような感覚があるというのは、ある程度《ていど》、当たっているのかもしれないですね。

経済や経営をほんとうに理解するには、実社会での実務経験が必要です。

X理論・Y理論

人間は仕事が好きな生き物か？それとも嫌《きら》いな生き物か？

次に、「仕事が義務感《ぎむかん》になっていて、生きがいが見いだせない。どうしたらよいか」という質問《しつもん》について答えましょう。

経営学《けいえいがく》では、昔から、「X理論《りろん》・Y理論」という有名な考え方があります。すなわち、「人間は、嫌々《いやいや》ながら仕事をする生き物である」という人間観（X理論）と、「人間は、喜んで仕事をする生き物である」という人間観（Y理論）があるのです。

人間に対する見方には、もともと、この二種類があり、「人間は、仕事が嫌《きら》いな生き物か、好きな生き物か」ということについて、片方《かたほう》の見方だけにしようとすると、絶対《ぜったい》に解決《かいけつ》にならないんです。やはり、現実《げんじつ》に両方のタイプがいるのです。

ただ、『聖書《せいしょ》』には、「神は、罰《ばつ》を与える意味で、人間に労働をさせている」というような記述《きじゅつ》があるので、その意味では、「罰として労働をさせられている」というような考え方が一つ流れているのは事実でしょう。

これとは違《ちが》う考え方もあります。福沢諭吉《ふくざわゆきち》などはそうでしょう。彼は、「職業《しょくぎょう》がないのは、やはり悲しいことである。職業があって初めて、人間の幸福が得られる」「実業に就《つ》く人は偉《えら》い」「働く人は、やはり偉い」という考え方を持っていました。

この「働くことは偉い」という考え方から見れば、働くことは自己《じこ》実現に当たり、「働くことで、自分は成功感や達成感を味わえる」「働くことは楽しいことであり、幸福なことなのだ」と感じる人もいるわけですね。

働くことは自己実現に当たる

働くのが好きな人は出世しやすいが、働きすぎると、家庭にしわ寄《よ》せが来る

人間観には、この二種類があるわけですが、結論《けつろん》から言うと、「働くことは苦《く》役《えき》であり、自分にとって苦しみだ」と思う人は、どちらかというと出世しにくいタイプです。そういう人は、できるだけ楽な仕事へ楽な仕事へと行くので、一定以上、仕事が厳《きび》しくなったら、すぐに辞《や》めてしまいやすいタイプではありますね。

働くのが好きな人は、確《たし》かに昇進《しょうしん》もしやすいし、アメリカのような流動社会においては、〝ジョブホッパー〟といって、もっといい職業を求めて、バッタのように飛んでいく人でもあるんです。

やはり、二種類の人間観がありますね。

働くのが嫌いなタイプ（X理論）

・出世しにくい
・ある程度、家庭を大事にできる

働くのが好きなタイプ（Y理論）

・出世しやすい
・働きすぎると、家庭にしわ寄せが来る

ただ、「一方が完全に正しくて、一方が完全に間違《まちが》っている」とは言い切れない面があるんですよ。

なぜかというと、「職業や仕事は苦役であり、つらいことだ。自分にとっては、プライベートの部分が潰《つぶ》れ、楽しいことができない」という考えにも一定の意味はあるからです。

例えば、仕事をやりすぎると、必ず家庭のほうに響《ひび》いてきます。日本社会だろうと、アメリカ社会だろうと、たぶん同じだと思いますが、一定のレベルを超《こ》えて出世街道に乗ろうとしたら、やはり、家庭へのしわ

家庭へのしわ寄せ

寄《よ》せというのは必ず起きるんですよ。

出世を完全にあきらめた人であれば、「転勤《てんきん》は一切《いっさい》お断《ことわ》り」「自分の能力《のうりょく》を超えた重い負担《ふたん》は一切お断り」「時間外労働は一切お断り」というように、完全に線を引いてしまってもいいでしょう。

例えば、経理《けいり》というセクションにいて、決算期で、ほかの人たちがみな残業しているる大変なときに、「私は家庭が大事なので、いつもどおり六時で帰らせてもらいます」などと言っていたら、出世する可能性《かのうせい》は、ほぼないでしょうね。

ただ、あまり〝仕事人間〟になりすぎると、家庭のほうに必ずしわ寄せが来るんですね。

なぜ転勤《てんきん》があるのか？

例えば、自宅《じたく》を建てた社員を転勤《てんきん》させる企業《きぎょう》というのは、昔から、よくあるんですよ。

自宅を建てるというのは、「ずっと、そこに住みたい」という意思表示《ひょうじ》なんです。したがって、自宅が建ち上がったときに転勤になるのは、意地悪なことのように見えるのですが、運が悪いことに、よくそうなるんですね。

なぜなら、自宅を建て始めるということは、「もう、これ以上の仕事をする気はない」という意思表示のようにも見えるからです。「今の仕事を、ずっとやりたい」というように見え、「さらなる経験《けいけん》を積んで、上を目指したい」という意《い》欲《よく》がないかのように見えるところもあるんですね。

“収穫逓減”が起きる

だから、自宅が建った瞬間《しゅんかん》に異動《いどう》させられ、「自宅は会社の社宅として借り上げます」と言われて、ほかの人が住んだりする皮肉なケースが、多々、見られるんです。

転勤になると単身赴任《たんしんふにん》になることもずいぶんあるので、私は、会社に勤《つと》めていたころ、「自分が会社なり団体《だんたい》なりをつくったら、単身赴任は絶対《ぜったい》にないようにしたいな」と思っていました。ところが、実際《じっさい》に組織《そしき》をつくってみたら、「やはり無理だな」と思う部分は出てきましたね。

もし、「単身赴任は絶対に駄目《だめ》です」ということにすると、人によっては、クビにするしかなくなるんですよ。仕事上でミスをした場合や、収穫《しゅうかく》が逓減《ていげん》して能《のう》力《りょく》がそれ以上伸《の》びなくなった場合、その人をクビにしたくなかったら、やはり動かさざるをえないんです。

ほかの部署《ぶしょ》であれば、まだ仕事ができることもあるし、ほかの仕事を経験しているうちに、キャパシティーや経験知が増《ふ》え、もっと上に上がっていける可能性《かのうせい》が出ることもあるんです。

「絶対に動かさない」という方針《ほうしん》でいると、収穫逓減が起きてきて、一定以上は伸びなくなってくるのです。あるいは、ミスを犯《おか》すことがあっても、「絶対に転勤させない」ということであれば、クビにするしかなくなるわけですね。

単身赴任《たんしんふにん》をなくしたくても、どうしてもゼロにはならない

もちろん、賃貸《ちんたい》のマンションやアパートに住んでいたら、引っ越《こ》しも可能《かのう》ですが、持ち家になったら、家族はもう動かないですね。

特に、東京あたりに住んでいて、私立《しりつ》の中高に子供《こども》を入れた場合は、地方へ転《てん》勤《きん》になると、ほとんど単身赴任《たんしんふにん》になります。私立の学校は、公立の学校と違《ちが》って、

子供の教育・親の介護

一度、その学校をやめたら、なかなか戻《もど》れないのです。

公立校は、全国で同じぐらいの低いレベルを均等《きんとう》に維持《いじ》してくれているので、子供も転校して親についていけるんですが、勉強がよくできて私立校に入った場合には、親が単身赴任になるケースがどうしても増《ふ》えてくるんです。

私は、教団《きょうだん》の運営《うんえい》において、単身赴任を解消《かいしょう》しようとして、ずいぶん努力したんですが、やはり、どうしてもゼロにはならないですね。

ひどい人になると、単身赴任が十年を超《こ》える〝選手〟もいます。その人のできる仕事は、たまたま、自宅《じたく》から通える所にはないわけです。そういうことが、どうしても出てきて、完全には解消できないのです。

子供の教育の関係で、家族が引っ越せない場合もあれば、「親が病気で、その介護《かいご》があるため、家族がついていけない」という場合もあります。

こういう場合の単身赴任には、しかたがない面もあります。「親が病気をしたから、自宅から通える所でしか仕事ができない。そこから永遠《えいえん》に動かせない」ということになると、その人の成長や出世は、かなり厳《きび》しくなることを意味するのです。

実際《じっさい》に組織《そしき》を運営してみると、「やはり単身赴任は出てくるのだな」ということが分かりました。

それと、異動《いどう》する側にも、少し〝勝手〟なところもあるんです。「東京から地方に異動するのなら単身で行き、地方から東京に異動するのなら家族を全員連れてくる」ということも多いんです（笑）。

東京は生活レベルも高いし、教育条件《じょうけん》も良いので、東京への異動だったら、奥《おく》さんも子供もみな喜んでついてくるけれども、東京から地方への異動だったら、「行きません」と言うような、少しわがままなところもあるのです。だから、必ずしも要望をそのまま聞けないところはあります。

経験知を増やす

生命保険《ほけん》会社・銀行・警察《けいさつ》に転勤《てんきん》が多い、それぞれの事情《じじょう》

あと、「経験知《けいけんち》を増《ふ》やす」という意味では、勤務地《きんむち》を何カ所か経験することも大事ですね。

例えば、生命保険《ほけん》会社の支社長《ししゃちょう》あたりでも、三カ所ぐらいやらせてみないと、「ほんとうにできる人なのかどうか」ということの判定《はんてい》はできないようです。たまたま、その土地柄《がら》や社員、お客の筋《すじ》が良くて成功することもあれば、逆《ぎゃく》に、たまたま、その土地の人などと合わずに失敗することもあるからです。

それから、銀行の支店長は、たいてい三年ぐらいで交代になります。長い間、同じ所にいると、不正が生じるおそれがあるからです。

お金関係の仕事というのは、同じ所で長くやっていると、地元企業《きぎょう》と癒着《ゆちゃく》して不正融資《ゆうし》をしたり、本店に分からないようにお金を誤魔化《ごまか》したり、そういうことができてしまうのです。

そこで、それを防《ふせ》ぐために支店長を交代させるわけです。新しい支店長が来て、前任者《ぜんにんしゃ》の仕事を調べたなら、変なことをしていた場合には、すぐに発覚してしまうんです。

だから、銀行での異動《いどう》は、突如《とつじょ》、申し渡《わた》され、一週間以内に転勤《てんきん》になることが多いんですね。

あらかじめ、「来年の四月一日に、あなたは○○支店に異動になります」ということが一年前ぐらいに分かると、子供《こども》の教育などには都合がよいかもしれませんが、異動を予告したら不正はすべて隠《かく》されてしまうのです。

一年あったら、時間が十分にあるので、不正を隠蔽できるんですよ。

そこで、そういう時間を与《あた》えないために、突如、異動の辞令が出るわけです。

理想と現実

不正をしていた場合、全部を隠すのは無理になるので、必ずばれることになるんです。

銀行は、行員を、突然《とつぜん》、転勤させる代わりに、社宅《しゃたく》や寮《りょう》を充実《じゅうじつ》させています。転勤になっても、家探《やさが》しをせず、新しい所にすぐ移《うつ》れるようになっていますね。

あとは、警察《けいさつ》関係でも転勤はすごく多いですね。もしかしたら、転勤をしないで同じ所にずっといると、危《あぶ》ないのかもしれません。地元で犯人逮捕《はんにんたいほ》等をいろいろやると、ヤクザの復讐《ふくしゅう》などがあるのかもしれません。職業柄《しょくぎょうがら》、同じ所に長くいられない理由があるのでしょう。

そういうこともあって、理想的には単身赴任《たんしんふにん》をなくしたくても、現実《げんじつ》に組織《そしき》を運営《うんえい》してみると、やはり単身赴任は生じてくるんですね。

出世を放棄《ほうき》することには、家族を大事にできるメリットもある

子供《こども》が中学校や高校に上がり、母親が子供の進学などに熱心になっていることろ、父親のほうは、ちょうど中間管理職《かんりしょく》になる年代になってきて、選別をかけられてくるのです。ここで、分かれ道がけっこう出てくるんですね。

以前、あるメーカーでは、「家族と離《はな》れないために転勤《てんきん》しない」ということを選択《せんたく》できる制度《せいど》をつくっていましたが、それを選んだ場合には、最初から、「最高で、ここまでしか出世できない」ということが決まっているんです。どちらがよいかは微妙《びみょう》なところですね。

あと、誰《だれ》しも本社に来たがるんですが、ここは競争が激《はげ》しいので、たいていの

出世を取るか、家族を取るか

場合、仕事がよくできる人でないと、なかなか残してもらえません。だから、本社から出されることで、生き延《の》びることができる部分があるんです。

そういうこともあり、「考えるのと実際《じっさい》とは違《ちが》うんだな。やはり難《むずか》しいな」と思うところはあります。

専門職《せんもんしょく》の人で、専門技能《ぎのう》が要《い》るようなセクションにいる人の場合は、ずっと動かないような人も一部にはいますが、一方、毎年のように転勤する人もいて、不公平なことが起きてしまう場合もあります。会社が、ある程度《ていど》、努力しなければいけないところもあるのだろうと思いますが、感触《かんしょく》としては、やはり転勤はゼロにはならないのです。

ただ、今述《の》べたように、仕事の嫌《きら》いな人は、だいたい、「出世を放棄《ほうき》している」と見えるので、出世を放棄してしまえば、「ある程度、家族を大事にすることができる」というメリットもあるんです。

例えば、「順当に出世すれば、四十歳《さい》ぐらいで課長になれるのに、自分は、どうせ課長にはなれない」ということが分かっていて、会社のほうも、「給料分だけ働いてくれれば、それで結構《けっこう》」と見切っている人の場合は、けっこう〝マイホームパパ〟になれます。家族にとっては、「よく分からないけど、何だかハッピー」ということがないとは言えないんです。

ただ、男として挫折《ざせつ》したように感じる部分については、やはり、どこかで何かが出てくるかもしれないんです。この辺は、人柄《ひとがら》にもよるでしょうが、その〝不《ふ》成仏《じょうぶつ》〟な部分が、「家族に当たる」というかたちで出てくるかもしれないので、ほんとうにうまくいくのかどうかは何とも言えません。

結婚相手を見極める

夫婦《ふうふ》が二人とも働くのが好きなタイプである場合の難《むずか》しさ

それから、夫婦《ふうふ》が、それぞれ、別な職業《しょくぎょう》で出世を目指している場合、やはり厳《きび》しい面は出てきますね。アメリカなどでは、そうなっています。

夫婦の共通項《こう》が何かあって、うまくいけばいいんですが、「奥《おく》さんのほうは残業続き」「亭主《ていしゅ》のほうは、いつも早く帰ってきて夕御飯《ゆうごはん》の支度《したく》をし、朝御飯もつくらされている」というようなことが続くと、厳しいものはあります。

その意味で、「どこまで相手を愛しているか」「どこまで自分は我慢《がまん》できるか」ということを見極《みきわ》めるのが難《むずか》しいので、アメリカでは、結婚《けっこん》までに、長い〝試行《しこう》錯誤《さくご》〟期間を置いているのかもしれませんね。

日本では、わりに短い間で結婚を決めてしまうケースが多いけれども、職場が流動的になってくると、若干《じゃっかん》、厳しい面がありますね。それぞれ違《ちが》う所への転勤《てんきん》の辞令が出たら、やはり厳しいでしょう。奥さんのほうも、キャリアとして、かなり期待されていて、仕事を替《か》えるに替えられないような場合には、どうしたらよいか難しいですね。

世の中全体が流動社会になり、「探《さが》せば、同じレベルの職が、いくらでもある」という状況《じょうきょう》になれば、もう少し楽になるかもしれません。

まあ、アメリカでも、同じようなことは、あるのではないでしょうか。

つまり、「『ワシントン行き』『ニューヨーク行き』なら、主人についていくけれども、それ以外の所に行くなら、ついていかない。自分の今の職業を護《まも》りたい」と考えるような奥さんが、やはり、アメリカでも出てきているのではないでしょうか。そんな感じがします。

幸福の総量

一般的《いっぱんてき》には「中間的幸福」を目指すべき

このように、夫婦《ふうふ》両方のキャリア形成の問題もありますし、「プライベートと仕事の、どちらを取るか」「仕事が好きか嫌《きら》いか」という問題と併《あわ》せて、「幸福の総量《そうりょう》はどちらが多いか」という考えもあります。

私の父は、どちらかというと、仕事面で挫折《ざせつ》した経験《けいけん》を持っている人でした。若《わか》いころは、政治《せいじ》運動をやっていたこともあり、職業《しょくぎょう》をずいぶん替《か》えていました。最初は学校の教師《きょうし》になったのですが、「山の学校の教師なんて、くだらん」と言って、三年ぐらいで辞《や》めてしまい、そのあと、私が聞いたかぎりでは、二十数回、転々と職を替えたそうです。

そうとう飽《あ》きっぽい方《かた》ですね。すぐ気が移《うつ》るタイプで、今で言うと、たぶん

「公」と「私」のバランス

・仕事での幸福（出世など）

・プライベートな幸福（家庭の幸福など）

⇩

どうすれば「幸福の総量」が増えるか

〝多動性《たどうせい》〟だったのかなと思うんです。

私が大きくなってから見た父は、堅実《けんじつ》で勤勉《きんべん》な、まじめな人であったのですが、若いころの動きを見るかぎり、かなり飽きっぽい人だったのかもしれません。

父は「職を二十数回も替えた」と言っていましたが、それで、人に使われるのが嫌《いや》になり、「人を使う身分になりたい」と思って会社を起こしたのです。

しかし、その会社が倒産《とうさん》してしまい、また、〝お勤《つと》め〟をしなければいけなくなりました。人の紹介《しょうかい》で県庁《けんちょう》に入ったんですが、中途《ちゅうと》で入ったので、自分より年下の人に仕えなければいけ

ほどほどの幸福を目指す

なくなったりして、悔《くや》しい思いもしたようです。

それこそ、「本省から来た若いのが、偉《えら》そうに言う。専門知識《せんもんちしき》は、こちらのほうがあるのに」とか、けっこう言っていました。

仕事面では、ずいぶん欲求《よっきゅう》不満がたまっていて、休日には、一生懸命《いっしょうけんめい》、小説を書いていたことを覚えています。小説家にはならなかったですけどね。

このように、父は、仕事で挫折し、少し欲求不満を持っていた人ではあったのですが、マイホームパパで子供《こども》には優《やさ》しかったと思います。

そういうこともあるので、「仕事が好きでたまらない」というタイプと、「仕事が嫌いでたまらない」というタイプの、どちらがいいとは、完全には言い切れないのです。

仕事が好きでたまらない人は、仕事上、成功する可能性《かのうせい》も高いでしょうが、一《いっ》般的《ぱんてき》には、家庭面で、どうしても無理が出てきて、奥《おく》さんや子供のほうが犠牲《ぎせい》になるケースが多いだろうと思います。

仕事が嫌いな人は、うまくいけば、欲求不満がほどよいところで止まって、マイホームパパになるかもしれないけれども、欲求不満がたまって家族に当たるようだったら〝駄目亭主《だめていしゅ》〟になり、家庭崩壊《ほうかい》になるかもしれません。可能性としては両方ありますね。

私としては、一般的には、中間的な幸福というか、ほどほどの幸福を目指すぐらいのところでよいのかなと思います。才能があったり、人に推《お》されたりして、出世していくのはよいのですが、極端《きょくたん》なまでの無理はしなくてもよいと思うのです。

経営者《けいえいしゃ》を目指す学生に知っておいてほしいこと

ただ、今述《の》べたことは一般《いっぱん》の人に対する意見です。

「公人」としての責任の重さ

経営者《けいえいしゃ》で、少なくとも数十人、百人、二百人、あるいは、それ以上の社員を持っているような場合、「仕事と家庭のどちらを選ぶんだ。マルかバツか二者択一《にしゃたくいつ》で答えろ」と質問《しつもん》され、「家庭を選ぶ」と言う経営者は、たいてい駄目《だめ》なんですよ。

それは、責任《せきにん》を負っている範囲《はんい》が広いからです。経営者には、「数十人から数百人、あるいは数千人の人の人生と、その人たちの家庭の将来《しょうらい》に対して、責任を負っている」という公的な重さがあるんです。

会社の規模《きぼ》が大きくなると、経営者の仕事は公的な仕事に近づいていきます。「私人《しじん》」ではなく「公人《こうじん》」になってきて、公的な領域《りょういき》がだんだん増《ふ》えてくるのです。それを自覚できないといけません。

「会社が大きくなるにつれて公的な面が増えてくる」ということを自覚できないと、悲劇《ひげき》が起きます。

個人企業《こじんきぎょう》のレベルや会社の規模が小さいうちは公も私もないのですが、社員が五十人、百人になるところで、壁《かべ》が出てくるのです。

五十人を超《こ》えるあたりから、そろそろ会社としての体裁《ていさい》を整えなくてはなりませんし、百人を超えると、一定のルールに基《もと》づいて運営しなければいけません。

もし、「いつも家庭の幸福のほうを優先《ゆうせん》し、仕事は後回し」ということになるようだったら、経営者としては、周りから不信感を持たれ、会社の未来を見限《みかぎ》って辞《や》めていく人が増えてくるだろうと思います。「その職業《しょくぎょう》に賭《か》けるか、辞めるか」という選択肢《せんたくし》が迫《せま》ってくるだろうと思いますね。

これは、学校では教わらないことなので、分からないかもしれませんが、「会社の規模が大きくなってきた場合、経営者は、ある程度《ていど》の公人性《せい》を帯びてくるのだ」ということです。

会社の倒産は悪

重い負担《ふたん》に耐《た》えられる人間でなければ経営者《けいえいしゃ》は務《つと》まらない

経営者《けいえいしゃ》は、まず、従業員《じゅうぎょういん》の幸福を考えなければいけないし、その最大の前提《ぜんてい》としては、「会社を絶対《ぜったい》に倒産《とうさん》させてはいけない」ということがあるんですね。潰《つぶ》れた会社ほど惨《みじ》めなものはありません。従業員はみな路頭に迷《まよ》うことになり、彼らの未来の夢《ゆめ》が全部ひどい目に遭《あ》うのです。やはり、そうするわけにはいかないので、会社を潰すことは悪なんですね。

あと、「経営者の甘《あま》い放漫《ほうまん》経営によって会社が潰れる」などということも、やはり悪だと思うんです。「大勢《おおぜい》の人が苦しむ」ということは、やはり悪なのです。

経営者になると、それだけの重い負担《ふたん》を、どうしても背負《せお》わなければいけなくなるでしょうね。

だから、自分をつくり変えていく努力をしなければいけないんですね。「公的な領域《りょういき》が増《ふ》えていくことに耐《た》えられる人間にならなければいけない」と思います。

例えば、天皇陛下《てんのうへいか》というのは、ほんとうにつらい立場だと思うんです。特に、昭和《しょうわ》天皇は公人に徹《てっ》していて、尊敬《そんけい》されていましたね。

「船に乗って瀬戸内海《せとないかい》を通っていくとき、沿岸《えんがん》にいる人たちが旗を振《ふ》っているのをご覧《らん》になった昭和天皇は、ずうっと直立不動のまま立っておられた。実は人が見えなくなっていても立っていた」という話を聞いたことがありますが、そのくらい使命と自分の人生とが一体化していたんですね。

今の天皇や皇太子《こうたいし》の場合には、だんだんプライベートな要求が強く出てきていて、マスコミ等による皇室への非難《ひなん》も厳《きび》しくなってきつつありますね。

「国家の象徴《しょうちょう》」という立場は、やはり、たいへん厳しいということです。「プラ

公人に徹した昭和天皇

イベートを優先《ゆうせん》するようだったら、『天皇』『皇后《こうごう》』を称《しょう》する資格《しかく》はない」ということを問われているんでしょう。

皇室の人というのは、とってもつらいと思うんですよ。皇室の生活を見ると、やはり非人間的に見えますからね。なかなか、つらいけれども、それだけの重みがあるということですよね。「つらい〝職業《しょくぎょう》〟だな」と、つくづく思いますが、「公人」というのは、そういうことなのです。

総理《そうり》大臣も、さかんに悪口を言われるけど、辞《や》めたら何も言われなくなりますね。総理大臣は、日本の最高権力者《けんりょくしゃ》で、国民を幸福にするだけでなく、国民を不幸にする権力も持っているからです。

要するに、不幸にされたらかなわないので、みんな必死であって、総理大臣に悪いところがあったら一生懸命《いっしょうけんめい》に責《せ》めているんですよね。総理大臣も、プライベートのほうを優先したら、なかなか許《ゆる》されなくなってくるでしょうね。

だから、「自分の能力《のうりょく》」と「家庭の幸福」とを考えて、どこかで折り合いをつけなければいけないんですね。

たまたま会社が大きくなってしまった場合には、それだけの負担に耐えなければいけないし、もし任《にん》に堪《た》えないなら、会社が潰れてしまわないよう、能力の高い人に任せるなり、適当《てきとう》な潮時《しおどき》を見るなりしなければいけないですよね。非常《ひじょう》につらいことです。成功には必ずシャドー（影《かげ》）の部分が伴《ともな》うんですよね。

この辺は学校では教わらないでしょう。経済《けいざい》学部や経営学部でも教えてくれないのですが、経営者や経営者を目指す人は知っておかなければいけません。

仕事とプライベートとを分ける人間か？一日中、仕事のことを考える人間か？

要するに、「トップが、負担《ふたん》に耐《た》える力量を身につけないかぎり、組織《そしき》を大き

自己を知る

くすることには危険《きけん》が伴《ともな》う」ということですね。

そういうことを考えれば、「仕事とプライベートとを分ける生き方を、ずっとやっていきたい」と思うような人は、今のところ、大勢《おおぜい》の人を使うような立場には向いていないと言えるのです。

その性格《せいかく》をつくり変えていかないかぎり、出世は無理です。「自分の才能《さいのう》を生かせて、単独《たんどく》でやれるような仕事」のほうに入るか、出世は、ほどほどのところであきらめて、別の世界、趣味《しゅみ》の世界に生きがいを見いだすか、どちらかしか道はなくなります。

その意味で、「自分は、どういう人間なのか」ということを知るべきでしょう。「自己《じこ》を知る」ということが大事だと思いますね。

幸福の科学は、まだ〝ささやか〟な教団《きょうだん》ですが、私は総裁《そうさい》として、〝二十四時間体制《たいせい》〟にあります。夜も、寝《ね》てはいるけれども寝ていないような状況《じょうきょう》であり、何度も目が覚めては、いつも仕事のことを考えています。

目が覚めて考えていることは、だいたい、未決の案件《あんけん》についてです。「まだ片《かた》づいていないものについて、どうするか」ということです。夜中の一時に目が覚めても、二時に目が覚めても、四時に目が覚めても、いつも、考えている自分を発見しますね。

明け方の四時ごろによく起きては、考えついたことをまとめたりしていますが、「寝ながらでも考えている」ということですね。「それだけ責任《せきにん》が重い」ということであり、プライベートはあってなきがごとしですよ。

「その負担に耐えられなくなったら、そこが限界《げんかい》である」と、自分で判断《はんだん》せざるをえないところでしょうか。

人生の価値観の問題

エグゼクティブは「私《し》」よりも「公《こう》」を優先《ゆうせん》すべき

だから、若《わか》い人たちに対する、私のゼネラルな意見としては、「今述《の》べたような世界が未来には待ち受けているので、あなたは、『どういう選択肢《せんたくし》を選ぶか』を考えなければいけない」ということですね。

一般《いっぱん》に、エグゼクティブ、重役の仲間に入ってきた場合、プライベートのほうを優先《ゆうせん》するようだと、だいたい失格《しっかく》になります。「私《し》」よりも「公《こう》」のほうを優先する人でなければ、エグゼクティブとして、もたないのです。

ただ、それは人生の価値観《かちかん》の問題なので、誰《だれ》もがそうでなければいけないわけではありません。

大勢《おおぜい》の人に関して言えば、一般的には、〝中くらいの幸福〟で、ある程度《ていど》、満足しておけば、大きな外れはないかもしれませんね。あまり野望が大きすぎたら、苦しいこともあるかと思います。

仕事よりプライベートを優先させる場合、
出世や成功は難しくなりますが、
家庭での幸福を得ることは可能です。
どの選択肢を選ぶか、
それを決めるのは、あなた自身です。

第６章

高学歴女性の生き方とは

Happiness for
Highly Educated Women

質問

現代《げんだい》の女性は、とてもよく勉強をして高学歴になってきていますが、男性との競争心に苦しむ場合もあれば、「女性だから」ということで、望みの仕事をあきらめなければならない場合もあると思います。

これからの時代の、高学歴女性の生き方を教えてください。

6

「男女雇用機会均等法《こようきかいきんとうほう》」の〝裏《うら》の目的〟は、税収《ぜいしゅう》を増《ふ》やすこと

「現代《げんだい》女性の生き方」というテーマに対する考え方は、私のなかでも、以前と現在《げんざい》とでは、やや違《ちが》いがあるんです。

一九九〇年に『限《かぎ》りなく優《やさ》しくあれ』（現在は幸福の科学出版刊）という本を出したころには、私は、「家庭においては、やはり夫が経済《けいざい》の中心であるべきであり、女性は、どちらかというと、家庭を護《まも》る〝従《じゅう》の立場〟でいたほうがうまくいくように思う。したがって、欧米《おうべい》のスタイルを参考にしすぎて、欧米型社会にならないように警戒《けいかい》せよ」というようなことを言っていました。

しかし、結果的には、やはり時代の流れに勝てず、日本は欧米型の方向に流

現代女性の生き方

れてきました。

その〝犯人《はんにん》〟は分かっているんです。それは「男女雇用機会均等法《こようきかいきんとうほう》」なんです。

一九八〇年代に「男女雇用機会均等法」という法律《ほうりつ》ができたんです。それ自体は、いいことだと思うんですが、その法律ができた裏《うら》には、善意《ぜんい》だけではない目的が、もう一つありました。実は、国が財政《ざいせい》赤字なので、税収《ぜいしゅう》を増《ふ》やしたかったんです。

それまでは、女性の場合、例えば会社で働いても、だいたい五年以内に会社を辞《や》めて家庭に入ってしまうし、女性を会社に置いておいても、「男性との賃《ちん》金格差《ぎんかくさ》を大きくして、アルバイトに毛が生えたぐらいで抑《おさ》える」などということが多くて、主に男性のほうから税金《ぜいきん》を取っていたわけです。

ところが、国家は、税金が足りなくなってきたので、「男女の両方から税金を取れるようにするには、どうするか」ということを考え、「女性も男性と同様に出世できるようにすれば、両方から所得税《しょとくぜい》を徴収《ちょうしゅう》し、税収を増やすことができる」と考えたんです。所得税は累進課税《るいしんかぜい》ですからね。だから、完全に善意だけではないんです。

男女雇用機会均等法《こようきかいきんとうほう》は「離婚率《りこんりつ》の増加《ぞうか》」と「少子化」をもたらした

男女雇用機会均等法《こようきかいきんとうほう》が生まれたあと、女性の社会進出も確《たし》かに進んだけれども、離婚《りこん》が増《ふ》えたのも事実です。「税収《ぜいしゅう》を増やす」という〝裏《うら》の目的〟とセットで、今度は、「離婚率《りつ》の増加《ぞうか》」と「少子化」が来てしまったんです。

仕事のほうに一生懸命《いっしょうけんめい》になると、子供《こども》が欲《ほ》しくなくなってきます。子供がいないと働けるし、いても、せいぜい一人ぐらいにしないと、女性でキャリアを

女性がキャリアを目指すには

目指すのは、やはり難《むずか》しいですよね。

親が同居《どうきょ》しているか近所にいるという有利な条件《じょうけん》があれば、キャリアを積めるけれども、そうではない、地方から来ている女性の場合には、親に面倒《めんどう》を見てもらえないので、「子供を産み育てながら、キャリアを目指す」というのは、ちょっと不可能《ふかのう》です。

特に優遇《ゆうぐう》されている一部の公務員《こうむいん》以外は、なかなか、それはできません。資《し》格《かく》に護《まも》られているようなところや、育児期間中に休んでいても、全然、出世に差し支《つか》えないようなところでは可能だけれども、民間で、赤字になるとすぐに人員整理をするところだと、なかなか護ってはくれないというのが、現実《げんじつ》だったと思いますね。

女性の才能《さいのう》を生かすことは
アメリカの〝国家戦略《せんりゃく》〟

私は、女性のあり方について、伝統的《でんとうてき》なものもよいとは思っていたんです。ただ、最近では、「アメリカには、悪いところもたくさんあるけれども、進んだところも、やはり多いのかなあ」と考えることも多くなってきました。「アメリカ社会は、なぜ進んでいるのか。なぜ未来社会のほうに入っているのか」と考えたときに、「日本に比《くら》べて、女性の能力《のうりょく》を生かせている」ということに気づいたんですね。

アメリカでは、女性でも出世ができ、上司として男性を部下にしたりできるのです。ある程度《ていど》、まだ差別はありますけれども、それでも、高収入《こうしゅうにゅう》の女性は、

国力を伸ばす

かなり出ています。

家庭のところでは、確《たし》かに、難《むずか》しい問題はあるのですが、「女性の才能《さいのう》を使った」というのは、アメリカの〝国家戦略《せんりゃく》〟だと思います。

男性だけの才能、能力を使うのなら、要するに、「国力は半分しか生きない」ということですよね。ところが、「女性のほうにも教育をつけて、その才能を生かすことができれば、国力は、倍増《ばいぞう》までは行かないにしても、少なくとも何《なん》割増《わりぞう》かにはなるだろう」という国家戦略が見て取れるんですね。

だから、女性でも、学歴をきちんと身につけた場合には、それなりの扱《あつか》いを受ける道が開かれます。

ただ、一定以上まで行くと、また少し男女の差はありますけどね。

例えば、ヒラリー・クリントン氏の場合、夫のビル・クリントン氏が大統領《だいとうりょう》になったら、彼女が弁護士《べんごし》の仕事を続けるのは、さすがに難しいわけです。いろいろなところで国家権力《けんりょく》が絡《から》んでくるので、大統領の奥《おく》さんが弁護士として

女性の能力を生かす社会

・国力が伸びる

・離婚率が増加し、少子化が進む
→解決策が必要

活動するのは、やはり難しいですよね。

そういうことは、夫が州知事になったあたりから、難しいのかもしれません。州で弁護士をするにしても、夫が知事であれば、任命《にんめい》権《けん》などを持っているので、いろいろなところに圧力《あつりょく》をかけることができて、フェアではないですからね。

だから、やはり、アメリカでも、できないことは、あることはあるんですけれども、才能のある女性を使おうとする国家戦略は持っていると思うんですね。アメリカが、ある程度、〝チャンスの国〟であることは事実です。

「アメリカが進んでいる理由は、その辺の国

ベビーシッター制度

家戦略があるからなのかな」と思います。

家庭に〝ひずみ〟が現《あらわ》れているアメリカ社会の難《むずか》しさ

もっとも、そのツケは家庭のほうに来ているとは思うんです。何回か離婚《りこん》を経験《けいけん》する人も多く、「夫婦《ふうふ》が再婚《さいこん》同士で、両方の連れ子が一緒《いっしょ》に住んでいる」という、珍《めずら》しい家庭がたくさんあるので、文明の実験場として、すごい状態《じょうたい》です。その辺がどうなるのかという問題はあります。

あと、日本と違《ちが》うのは、ベビーシッター制度《せいど》がかなり入っていることです。奥《おく》さんであっても、夜、残業する人がだいぶいるので、「大学生などのベビーシッターが家に来て、子供《こども》の面倒《めんどう》を見てくれる」ということが、制度的に、そうとう進んでいます。

前の章で述《の》べた小切手《こぎって》制度ではないけれども、アメリカ人には、何か妙《みょう》に人を信用しているところがあるんですね。ベビーシッターに子供たちを任《まか》せて、親は外で仕事をしているのです。

このように、「国家戦略《せんりゃく》として、女性の才能《さいのう》、能力《のうりょく》を使おうとしているために、アメリカは、世界最高水準《すいじゅん》の国力を維持《いじ》できているのだな」ということに私は気づきました。

マクロの大きな目で見て、国家的な成功や進歩・進化ということを考えるなら、「日本のような男尊女卑型《だんそんじょひがた》の社会は、進化形として後れているのかな」ということを、私も感じてはいるのです。だから、女性の能力を生かせるだけ生かすことは大事ではないかと思います。

ただ、「そのひずみとして、少子化が起きたり、家庭問題の難易度《なんいど》が上がってきたりすることを、どう解決《かいけつ》するか」ということについては、まだ道が十分

アメリカ人の“悟り”

に見えていないいんです。

今のアメリカ人は「諸行無常《しょぎょうむじょう》」を受け入れている

これに対して、評論家《ひょうろんか》の渡部昇一氏は、面白《おもしろ》い言い方をしていて、「今のアメリカ人を見ていると、妙《みょう》に悟《さと》った人たちのような気がする。えらく淡々《たんたん》としている」と言うんですよね。

要するに、「仕事をする。離婚《りこん》をする。子供《こども》と別れる。再婚《さいこん》し、相手の連れ子が来る。一緒《いっしょ》に住む。子供は、大人《おとな》になったら放り出していく。このように、妙に悟り切ったところのある国民で、日本人のように家族がベタベタしていない」と言うんです。

彼が言ったことを、私が仏教的《ぶっきょうてき》に翻訳《ほんやく》すると、「アメリカ人は『諸行無常《しょぎょうむじょう》』を受け入れている。『世の中は、うまくいかないものである。この世は、愛する者とは別れ（愛別離苦《あいべつりく》）、憎《にく》しむ者とも出会う（怨憎会苦《おんぞうえく》）世界であり、ままならない、苦しみの世界である』ということを、当然のこととして、すでに受け入れて生活している」ということになります。

これは私なりの説明です。

確《たし》かに、「そういう見方もあるのか。なるほど」と思いますね。

「結婚《けっこん》は、永遠《えいえん》の愛を教会で誓《ちか》うだけであって、離婚は当然、連れ子との生活も当然、家庭騒動《そうどう》も当然である。そのあと、慰謝料《いしゃりょう》を払《はら》って、養育費を送り続けながら、ほかの人と生活する。これを、淡々と、割《わ》り切ってやっていく。

今の会社が嫌《いや》だったら辞《や》めて、自分に有利な会社に移《うつ》っていくように、結婚も、そのときどきの状況《じょうきょう》しだいであり、自分に合っていた人が合わなくなったら、合う人と再婚すればいい」

そのときどきで、最善の道を選ぶ

このように、アメリカ人は、離婚や再婚を会社の転職《てんしょく》と同じように考えているのかもしれません。

だから、日本人によく見られる、「一つの会社に、一生、忠誠《ちゅうせい》を尽《つ》くす」という考えと、「一人の人と、一生、添《そ》い遂《と》げる」という考えは、たぶん、同根の考えなんでしょうね。

そういう流動社会、諸行無常の世界において、「そのときどきで、自分の最《さい》善《ぜん》の道を選べばよい」というような悟りに、ある意味で、アメリカ人は達しているのかもしれません。

女性にも、さまざまな選択肢《せんたくし》があってよい

男尊女卑《だんそんじょひ》の世界から見たら、「自分の娘《むすめ》が兵士となり、イラクに行って、ア

パッチという攻撃用《こうげきよう》ヘリコプターから、ミサイルを撃《う》ち込《こ》んでいる」という話などを聞くと、ぞっとするでしょう。

今は日本の自衛隊《じえいたい》にも女性隊員が一部いるらしいのですが、もう、「女性にできる仕事なら何でも挑戦《ちょうせん》していく」という女性が出てきているので、「ああ、未来社会なのかな」とも思います。

それと、「転生輪廻《てんしょうりんね》」の思想で考えたとしても、たまたま今回は女性として生まれた人が、八十何年かの人生の機会を、昔と同じようにしか生きられないのでは、一つのチャンスを逃《のが》すことになる可能性《かのうせい》もあります。

今回の人生においては、確《たし》かに、いろいろな産業が起きていて、職業《しょくぎょう》の可能性がたくさんあるのですから、家庭よりも職業のほうを選ぶ女性がいても、おかしくはないと思います。「職業のほうを選ぶ」「家庭のほうを、伝統的《でんとうてき》な価値《かち》観《かん》のほうを選ぶ」など、選択肢《せんたくし》は幾《いく》つかあってもいいのかなと思うのです。

ただ、その選択の結果がどうなるかについては、自分で、ある程度《ていど》、受け止

職業を選ぶか、家庭を選ぶか

めなければいけないでしょう。

しかし、「そもそも選択肢がない」ということは、やはり、豊《ゆた》かさがないし、不幸なことだと思います。

〝文明実験〟の最終解答《かいとう》は、まだ出ていない

アメリカでの〝文明実験〟において、今の時点では、最終解答《かいとう》はまだ出ていないと思います。

そのため、日本も同じになるのかどうか、まだ分かりません。少しずつ近寄《ちかよ》っていってはいるんだけれども、まだ完全に同じになってはいませんし、日本が、アメリカのような銃《じゅう》社会になるとも思えないのです。ただ、麻薬《まやく》汚染《おせん》のようなことは日本にも起き始めているので、だんだん似《に》てくるかもしれませんが、

家庭のほうも同じになるかどうかは、まだ何とも言えないのです。

　アメリカには儒教《じゅきょう》が入ったことはないけれども、日本には、江戸《えど》時代から、秩序《ちつじょ》・礼節を重んじる儒教文化というものが、いちおう底流《ていりゅう》として流れていいます。これが完全に消えてはいないので、まったく同じにはならない面はあるだろうとは思うのです。

　だから、「日本型の未来文化が、いったい、どんなかたちで、つくられるのだろうか」ということを、私も、今、模索《もさく》しながら考えているところなんです。

　男女が共にキャリアを目指していく場合になると、確《たし》かに、子供《こども》のところには、難《むずか》しい問題が出てくるので、子供たちがみな、すくすくと育つかどうかは分からないのです。

一夫一婦制と複数婚

「一夫一婦制《いっぷいっぷせい》」はキリスト教の神父たちがつくった文化

　また、「一夫一婦制《いっぷいっぷせい》」の問題もあります。

　これは、ある意味での共産主義制度《きょうさんしゅぎせいど》であり、「人に身分の差や財力《ざいりょく》の差を認《みと》めない」という考え方が入っているので、この一夫一婦制の普及《ふきゅう》が女性の人権《じんけん》的地位を高めた面は、確《たし》かにあるとは思います。

　ただ、これは、憲法学的《けんぽうがくてき》には、キリスト教の多数派《は》の考え方なのです。憲法学では、通説として、「一夫一婦制はキリスト教の多数派の考えである。諸民《しょみん》族《ぞく》と諸宗教《しょしゅうきょう》を見るかぎりでは、これが人類普遍《ふへん》の原則《げんそく》とは思えない」ということになっているんです。

結婚観の違い

- 一夫一婦制にこだわる
  ――キリスト教の多数派
- 複数婚を認める
  ――仏教、日本神道、イスラム教、古代のユダヤ教

例えば、仏教《ぶっきょう》は、王侯貴族《おうこうきぞく》には複数婚《ふくすうこん》を認めています。

また、昔は日本の皇室《こうしつ》も一夫一婦制ではありませんでした。明治《めいじ》天皇までは、そうだったのです。このように、日本神道《しんとう》も複数婚を認めています。

それから、イスラム教も認めていますし、実は古代のユダヤ教も認めているんです。

キリスト教の多数派は一夫一婦制にこだわっているけれども、これは、たぶん、独身《どくしん》の神父たちがつくった文化でしょう。ここのところとの戦いは少しあるのかなと思います。

今、ほんとうに問題が起きているのは、野

未来社会における子育ての問題

心があって出世を目指している人たちの、子育ての部分だと思います。

つつましく生きている人たちにとっては、別に問題は起きていないんですけれども、そうでない人たちの家庭で、子育てがうまくいかなくなり、すぐ離婚《りこん》になって、そのあと、家族が複雑《ふくざつ》な関係になっているのかなと思うんですね。

この部分を、今、「ナニー」という子守役《こもりやく》やベビーシッターで補《おぎな》おうとして、できないでいるんだろうと思うんです。

未来社会に向けて、男女が共にキャリアを目指す場合の子育ての問題をどういうふうに片《かた》づけていくのか、この問題は難《むずか》しいところです。

秘書《ひしょ》のあり方に見る「日米の文化の違《ちが》い」

アメリカの文化と日本の文化とを見比《みくら》べると、「秘書《ひしょ》のあり方」のところが、だいぶ違《ちが》うんです。

日本の秘書は会社に勤《つと》めているんですね。会社に属《ぞく》している秘書なので、上司が会社を替《か》わっても、秘書は同じ会社に勤め続けます。

ところが、アメリカには、ボス（上司）に仕えている秘書もいて、ボスが転《てん》職《しょく》すると、一緒《いっしょ》に秘書も会社を替わっていくんです。これは、日本的に考えれば秘書ではないですよね。これは、ある意味で奥《おく》さんです。仕事上の奥さんが秘書なんですね、アメリカの場合は。そのため、ボスが会社を転々としていくと、秘書はボスにずっとついていくのです。

たぶん、こういうスタイルで、何らかの解決《かいけつ》を図《はか》っているらしいというふうには見えるんですけれども、ただ、アメリカでは、再婚《さいこん》をする場合には、結局、秘書と再婚することが多いんですよね。一緒に過《す》ごしている時間がすごく長いからでしょう。仕事で家へ帰らないことが多く、夫婦《ふうふ》が離《はな》れていると、そういうことになるのでしょうね。

夫婦の寝室のあり方

離婚《りこん》を生みやすい「ダブルベッド・システム」

それと、もう一つ、アメリカのテレビ番組などを観《み》ていて気がつくのは、「ダブルベッドで寝《ね》ている夫婦《ふうふ》が多い」ということです。

「夫婦がダブルベッドで寝ている」というシーンがよく出てくるんです。

新婚《しんこん》時代はいいんでしょうけれども、あれは、だんだん、つらくなるものだと思います。若《わか》い人であれば、結婚《けっこん》して最初の二年か三年ぐらいまでは我慢《がまん》できるようですけれども、夫のほうが、だんだん、仕事がきつくなってきたり、夜遅《おそ》くなってきたりすると、奥さんのほうは耐《た》えられなくなってくるのです。

「一つのベッドに必ず二人で寝なくてはいけない」という場合、「いない」ということに対して、ものすごくはっきりとした結果が出てくるので、あのダブルベッド・システムはわりに離婚《りこん》を生みやすいシステムなのです。

日本の場合は、子供《こども》が大きくなると、夫婦が寝室《しんしつ》を別にしている家庭が多いんですよ。わりと平気なんです。それが、けっこう多くて、意外に、これが離婚を止《と》めている可能性《かのうせい》も若干《じゃっかん》あるのです。子育てがだいぶ終わってきたら、夫婦が何か同居人《どうきょにん》のように過《す》ごしているところがあるわけです。

一方、アメリカでは、夫や妻《つま》が同じベッドに寝てくれなくなったら、離婚になるようなところがあるんですね。

この辺について、今後、どういう文化を形成していくのがベターかということは、とても難《むずか》しい問題です。今、ほんとうに文明実験中かなと思いますね。

アダルト・チルドレン

犯罪《はんざい》や麻薬《まやく》といった〝文明の病理〟をもたらしたものとは

共産主義《きょうさんしゅぎ》や社会主義よりは自由主義のほうが良いのだけれども、今、自由主義のほうにも、ちょっと、いろいろな問題が出てきています。かつては、共産主義国から、「自由主義国は堕落《だらく》している」とか、「家庭が無茶苦茶《むちゃくちゃ》になる」とか、ずいぶん批判《ひはん》されてはいたんですが、確《たし》かに問題点は出てきているのです。

自由主義国は、犯罪《はんざい》が多かったり、麻薬《まやく》社会になってきたりしています。そのルーツを辿《たど》ると、「アダルト・チルドレン」ではないけれども、やはり、子《こ》供《ども》時代に体験した、親の問題があるようです。

〝機能《きのう》不全〟を起こしている親を見て育った子供が、大人《おとな》になったときに、まともな社会人になれなかったり、まともな家庭をつくれなかったりしているケースが多いんですね。

また、その親の機能不全が、殺人や強盗《ごうとう》、麻薬などの犯罪につながっているとしたら、そこにも文明の病理があると言えるでしょう。

子供というものは、親の仕事をなかなか理解《りかい》できないので、「親が、自分たちよりも仕事のほうを選んだ」ということに対しては、「自分より仕事のほうが大事だったのか」と考えて、親を非常《ひじょう》に責《せ》めるんですね。

帰りが遅《おそ》い場合、「残業があったのよ」「今月は残業が多いのよ」と言っても、子供にはなかなか通じなくて、子供のほうは、「自分への愛情《あいじょう》が減《へ》った」と捉《とら》えやすいのです。

だから、「アメリカ人は、けっこう悟《さと》り切っている」という見方とは別に、もう一つの見方として、「アメリカは、このままでは、子供がみな、まともな大人に育たない」という考えもあります。そうであるなら、百年ぐらいすると、

アメリカ文明の衰退

アメリカ文明は衰退《すいたい》するはずなので、どうなるか、少し見守る必要はありますね。

国々の興隆《こうりゅう》と衰退《すいたい》は大きなレベルでの「諸行無常《しょぎょうむじょう》」

私の考えはどうかということですけれども、「アメリカが女性の能力を生かしているところは、やはり進んでいる」と思うし、「優秀《ゆうしゅう》な女性がいて、それが使えないというのは、やはり、もったいないことである」と思うので、女性にも道は開いてあげるべきだと考えます。

ただ、その道を開くときに、結局、子供《こども》の問題は、どうしても出てきます。「結婚《けっこん》はするけれども、子供はつくらない」、あるいは、「せいぜい一人しかつくらない」ということで、次に少子化がやってきて、国として衰退《すいたい》していくという問題は、必ず起きてくるんですね。

だから、欧米型《おうべいがた》の発展《はってん》をした場合には必ず人口が減《へ》っていくんですよ。

この辺が難《むずか》しいところなんですが、これも大きなレベルでの「諸行無常《しょぎょうむじょう》」で見るならば、すなわち、「ある国が興隆《こうりゅう》し、やがて衰退していき、別の国が興《おこ》ってきて、その国も衰退していく。このようなかたちで文明の循環《じゅんかん》が起きるのだ」と思えば、別に、その衰退自体を悲しむ必要はないのかもしれません。

アメリカが衰退しても、「じゃあ、中国はどうなる。インドはどうなる。ロシアはどうなる」という具合に、文明実験は、まだまだ続いていくでしょう。

日本はどうかというと、日本なりの伝統《でんとう》文化を全部は壊《こわ》せなかった面はあるので、日本にとっても、これからが文明実験だし、当会の発信するものにも影《えい》響《きょう》が出てくるだろうと思いますね。

男女の成績の逆転

優秀《ゆうしゅう》な女性には、道を開くべき

ただ、アメリカの「成功している女性」「能力《のうりょく》のある女性」は、ほんとうに仕事がよくできるので、その意味では、日本の女性についても、「うまく使えないのは惜《お》しい」と思う面は、やはりあるんですよね。

昔は、女性は勉強があまりできませんでした。特に理数系《りすうけい》は弱かったし、大学に入っても成績《せいせき》はそんなに良くはなかったんですけれども、今は、私立大学の総代《そうだい》は、ほとんどが女性なんですよね。女性がトップで卒業するんです。だから、もう男女の成績が逆転《ぎゃくてん》しているんです。

例えば慶応《けいおう》大学の卒業生は商社によく入るけれども、「同期で入った女性には『優《ゆう》』の数が六十数個《こ》もあるが、男性のほうは『優』が三個である」とか、こんなことがありうるんですね（笑）。女性のほうは商社への就職《しゅうしょく》が男性より難《むずか》しいから、レベルの高い人が入っているんですよね。

男女雇用機会均等法《こようきかいきんとうほう》が制定《せいてい》される以前は、女性が商社に総合職《そうごうしょく》で就職しようとしたら、英検《えいけん》一級を持っているぐらいでなければ入り込《こ》めないような状況《じょうきょう》でした。男性のほうはというと、「入社後に社内で語学研修《けんしゅう》をして、それから選抜《せんばつ》すればいい」ということでしたから、そういう差があったのです。

特に、その当時は、地方から東京に来ている女性は、やはり不利でしたね。大企業《だいきぎょう》は、自宅《じたく》が通勤圏内《つうきんけんない》にあり、親と同居《どうきょ》している女性を採《と》っていたのです。なぜかというと、寮《りょう》や社宅《しゃたく》の費用の分が安くなるからです。寮や社宅を会社のほうで提供《ていきょう》すれば、実質、その人の賃金が上がることになるので、自宅《じたく》から通える人を採ったほうが安上がりなわけです。

それと、自宅から通勤している人だったら、「いざというときには、親に押《お》し返せる」というメリットもあります。地方から来ている人の場合は、「働か

女性に対する不利な扱い

ないと食べていけない」ということで頑張《がんば》るけれども、東京の人だったら、「そろそろ結婚《けっこん》しないと年齢的《ねんれいてき》に見て恥《は》ずかしいし、もう、どうにかしてくださいよ、お父さん」というようなことを、会社のほうが言えるのです。

そのために、実際《じっさい》、〝コネ入社〟が多かったんですね。今も多いかもしれません。

昔は女性の九割《わり》ぐらいがコネ入社でした。会社の取引先の部長クラス以上だったらコネが効《き》くんですよ。

取引先の部長クラスの人の娘《むすめ》さんを採った場合は、その女性が五年ぐらい勤《つと》めたあと、父親のほうにプッシュをかけたら、責任《せきにん》を取って、〝引き取り〟にかかってくれるので、それによって社内の新陳代謝《しんちんたいしゃ》ができるというようなことがありました。

女性にとっては、確《たし》かに不利な扱《あつか》いだったと思いますね。

ただ、今は、確かに優秀《ゆうしゅう》な女性も出てきているので、道は開いてあげなければばいけないのかなと思います。それが「二兎《にと》を追う者は一兎《いっと》をも得ず」になってしまうのであれば、結局、「仕事も家庭も」ということは、やはり無理なのかもしれないけれども、「どう選ぶか」ということは、本人の価値観《かちかん》の問題なのではないかと思いますね。

大きな才能《さいのう》を持って生まれたのなら、その運命に忠実《ちゅうじつ》に生きる

もう一つ言えることがあります。

松下幸之助《まつしたこうのすけ》は、「松下電器（現《げん》パナソニック）が女性を解放《かいほう》したのだ」というようなことを言っていました。「旧《きゅう》ソ連は社会主義《しゃかいしゅぎ》によって女性を解放しようとしたのだろうけれども、日本は家電メーカーが女性を解放したのだ。電化

女性の解放

製品《せいひん》が溢《あふ》れることで、家事が楽になり、女性たちは自由に外へ出られるようになったのだ」というようなことを言っていたのです。

確《たし》かにコンビニと家電メーカーが「女性の社会進出」を進めた面はあるかもしれませんが、同時に「離婚《りこん》」と「少子化」を進めた可能性《かのうせい》もあります。

現時点での私の考えは、どちらかといえば、ちょっと折衷型《せっちゅうがた》に近いところにあります。

ある程度《ていど》の才能《さいのう》を持っていることは、運命と言えば運命なのでしょう。そういう大きな才能を持って生まれたことは運命なのでしょうから、その才能を生かして、運命に忠実《ちゅうじつ》に生きるのも一つかと思うのです。

それが、プライベートの面で幸福な道になるかならないかは五分五分です。才能を発揮《はっき》して生き、それでも幸福になれる場合もあるんです。

例えば、天才ピアニストである女性が、主婦《しゅふ》になったらピアノを弾《ひ》けなくなるというのは、やはり悲しいことでしょう。「ピアニストとして、世界を演奏《えんそう》して回りたい」と思うでしょう。

同じように、女性であっても、仕事がよくできる人は、やはり、「仕事で自《じ》己実現《こじつげん》をしたい」と思うでしょう。基本的《きほんてき》に、夢《ゆめ》を叶《かな》えられる社会は、悪い社会ではないので、それはいいと思うのです。

「頭の良い女性」が好きな男性も多い

それから、だいたい八割《わり》ぐらいの男性は、やはり、女性より自分のほうが上でないと納得《なっとく》しないそうなんですけれども、女性にとってありがたいことに、二割ぐらいの男性は、逆《ぎゃく》に、女性が自分より優位《ゆうい》に立っても、喜んでいるようです。もしかしたら、今は二割以上いるかもしれません。

そのような男性も今は多いので、そういう相手をうまく見つければ、仕事と

人は“さまざま”

家庭が両立しないわけでもないでしょう。

優《すぐ》れた女性が好きな男性も、けっこういるんですよ。東大卒の男性も、わりとそうなのです。勉強で自分を評価《ひょうか》されてきた人たちなので、頭の良い女性が好きな男性がわりに多いんですよね。

「私、御飯《ごはん》が炊《た》けないんです」と言うような女性でも、「いいよ」と言うぐらい、頭の良い女性が好きで、コンビニ弁当《べんとう》で我慢《がまん》する人も、確《たし》かにいるわけです。

人はさまざまなので、たまたま、そういう人と縁《えん》があれば、家庭をつくれる可能性《かのうせい》もあると思います。

子育てをしながら仕事を続けるには、他《た》の女性の協力が要《い》る

ただ、子供《こども》を育てる段階《だんかい》まで行く場合には、やはり他《た》の女性の協力がどうしても必要です。夫婦《ふうふ》のどちらかの親から援助《えんじょ》を受けるか、お手伝いさんを雇《やと》う必要があります。したがって、自分の収入《しゅうにゅう》か夫の収入にかかっている面はあるかと思います。

例えば、お医者さん同士の結婚《けっこん》の場合、たいてい、家にはお手伝いさんを雇っているでしょう。お手伝いさんが雇えるぐらいの収入がなければ、夫婦の両方がキャリアとして生きながら、子育てをするというのは、なかなか難《むずか》しいことだと思います。

家政婦を雇う

給料の安い事務《じむ》仕事のレベルだと、お手伝いさんを雇った場合、そちらへの支払《しはら》いが自分の給料より高かったりするのです。

私のところでは、二十年ほど前に長男が生まれたころ、家政婦派遣《かせいふはけん》センターから家政婦に来てもらっていましたが、支払う金額《きんがく》は、けっこう高かったですね。

当時でも、家政婦を雇うと、フルタイムの人で月に三十万円ぐらいになるんです。ただ、家政婦派遣センターも手数料を取りますから、本人にはそんなに入ってはいないのかもしれません。

二十年前の時点で、「三十万円を払ってでも、家政婦を雇ったほうが、収入の面では得だ」という女性になると、かなり限《かぎ》られますよね。例えば公務員《こうむいん》だと、普通《ふつう》、月収《げっしゅう》は、だいたい年齢《ねんれい》の数と同じぐらいなので、満三十歳《さい》であれば、自分の月収が全部消えてしまいます。

だから、「家政婦を一人雇ったら、奥《おく》さんの収入がゼロと同じになる」という場合が多かったので、けっこう、それなりに厳《きび》しいですよね。

女性を戦力化するために、企業《きぎょう》が努力すべきこと

あと、ありうるのは、例えば役所風に長期の休みが取れる場合です。

また、今は企業《きぎょう》で流行《はや》っているようですが、社内や会社の近くに、保育所《ほいくしょ》など子供《こども》を預《あず》かる施設《しせつ》を設《もう》けているところもあります。あるいは、最寄《もよ》りの駅のなかに、そういう施設をつくる動きもあるので、こういうことは、やはり努力して行うべきではないかと私は思いますね。

大企業に、それができないわけがないのです。「それは公私混同《こうしこんどう》だ」というような考えが〝刷り込《こ》み〟として入っているから、やらないのかもしれません

育児施設をつくる

が、「いや、〝公私混同〟をしなければ、女性は仕事を続けられないんだ」という考えがあったら、対応《たいおう》は違《ちが》ってきて、社内の一部に育児施設等をきちんとつくるはずです。

社員は、仕事の途中《とちゅう》で、ときどきトイレに行ったり、コーヒーを飲みに行ったりしたってかまわないんですから、「子供に授乳《じゅにゅう》しに行ったってかまわない。子供に会いに行ったってかまわない」という考え方もあるでしょう。

そして、例えば、企業内で子供を預かるときでも、四時半までとか五時までとかいうことではなくて、残業にも対応するだけの体制《たいせい》を整えるのであれば、女性の戦力化も本格化《ほんかくか》する可能性《かのうせい》はあると思います。

これは子供が小さいときの話ですけれども、学齢期以降《がくれいきいこう》、どうなるかについては、まだ、ちょっと難《むずか》しい問題は残っているかもしれませんね。

仕事のよくできる女性が結婚《けっこん》してうまくいく相手とは

ただ、高学歴の女性は、仕事をしたかったら、やはり、収入《しゅうにゅう》が多いか、財産《ざいさん》のある男性を選ぶべきです。それ以外に道はないかもしれませんね（笑）。収入が多いか、親が財産を持っている人と結婚《けっこん》しなければ無理です。「共に安月給で働いている」という状態《じょうたい》では、両者ともにエリートの道を歩むのは、やはり極《きわ》めて厳《きび》しいのです。

残念なことだけれども、この世では、最終的には、ある程度《ていど》、お金で自由が利《き》くことはあるので、どうしても仕事で成功したいのなら、多少、目をつぶってでも、経済的《けいざいてき》に有利な人を選んだほうがいいかもしれません。

キャリア女性が仕事と家庭を両立させるには

・「優れた女性が好き」という男性を選ぶ
・収入が多いか、ずっと年上の男性を選ぶ
・子供ができたら、他の女性の協力が要る

そうでない場合には、少し年の離《はな》れた、年上の男性でもいいかもしれませんね。

仕事のよくできる、頭の良い女性の場合は、たいてい知能《ちのう》が高いので、同世代の男性と結婚しても、あまりうまくいかないことが多いんです。よく喧嘩《けんか》になりますし、男のほうも、女性に負けるような気がすると、すごい争いになるのです。

だから、思い切って、少し年が離れた、年上の男性と結婚するのも一つの方法です。

そういう相手は、経済的にも、ある程度リーダーシップを発揮《はっき》できるけれども、人生経《けい》験《けん》の面でも、やはり、いろいろと教えてくれるところもあるのです。

このように、お金を持っているか、少し年が離れている人をゲットすれば、仕事を続けていって道を開くことは、ありうると思います。

仕事での成功に、そこまでの強い要求がない人は、一般的《いっぱんてき》に、友人たちが行くような道を選ばれてもいいでしょう。

いろいろな種類の人間がいるので、いろいろな種類の生き方を考えるべき

ちなみに、男女雇用機会均等法《こようきかいきんとうほう》が施行《しこう》されたころに、こういうことがありました。

女性の戦力化が進んでいた、当時の東京銀行だったかと思うのですが、東大

女性を戦力化する

卒の女性を中心に、十人ぐらい、幹部候補《かんぶこうほ》のキャリア女性を採《と》ったにもかかわらず、三年か五年以内に、そのなかの八人か九人は結婚《けっこん》して辞《や》めたらしく、銀行のほうは、がっかりしてしまったようです。

キャリアとして採用《さいよう》し、長く勤《つと》めてもらうことを前提《ぜんてい》に教育を施《ほどこ》したら、教育が終わったころには、結婚して、いなくなっていたので、ちょっとがっかりしたところがあったようなんです。

これは、もしかすると、優秀《ゆうしゅう》な女性が入ってきたので、行内の男性たちがゲットしにかかってしまった可能性《かのうせい》が高いかもしれません。昔の銀行には、男性は〝学歴エリート〟が多かったけれども、女性の場合は高卒が多かったので、銀行が大卒の秀才《しゅうさい》女性を採り始めたら、男のほうが強烈《きょうれつ》なアタックをかけた可能性もあるんです。

このように、「せっかくキャリア女性を採用しても、残念ながら、ほとんどが数年で辞めてしまって、採用した側は、がっかりした」というような話も、当時はありました。今はどうか分かりません。

私の考えとしては、やはり、「女性にもチャンスは与《あた》えるべきだ」と思います。チャンスは、なるべくつくるべきです。

先ほど述《の》べたように、企業内《きぎょうない》での育児支援《しえん》や、最寄《もよ》りの駅などで、いろいろな用が足せるようにするシステムなどは、やはり考えるべきでしょう。

アメリカのベビーシッターのようなものが普及《ふきゅう》するかどうかについては、そういうカルチャーがまだ日本にはないので分かりません。

日本の場合、家庭教師《きょうし》のできる大学生はいるけれども、子守《こもり》ができる大学生はいるでしょうか。大学生に、そこまで信用があるのかどうか分かりません。子供《こども》を預《あず》けても、「落としてしまったら、死んじゃいました」なんて言われたら終わりなので、恐《おそ》ろしくて任《まか》せられないかもしれませんね。

ただ、方法を模索《もさく》すべきだとは思います。努力すれば人間は賢《かしこ》くなるので、試行錯誤《しこうさくご》をしながら知恵《ちえ》を蓄積《ちくせき》していけば、いい方法が出てくるかもしれませ

人生八十年時代

ん。

いろいろな種類の人間がいるんですから、いろいろな種類の生き方は、やはり考えるべきかもしれませんね。

再婚《さいこん》したときには、「転生輪廻《てんしょうりんね》を二回やった」と思えばよい

現代《げんだい》は寿命《じゅみょう》が延《の》び、人生が八十年時代に入ったので、「二十代で出会った相手と、ほんとうに五十年も暮《く》らせるかどうか」というと、確《たし》かに、難《むずか》しい時代に入ったかなとは思います。

五十年もあると、社会環境《かんきょう》はものすごく変わってきます。職業《しょくぎょう》を取り巻《ま》く環境も変わるし、会社も変わるし、いろいろなものが変わっていくので、確かに、

再婚《さいこん》も起きやすい時代になるかもしれません。しかし、それはそれで、「転生《てんしょう》輪廻《りんね》を二回やった」と思えば、それまでかもしれないという感じもしますね。

また、子供《こども》のあり方自体は難しいですけれども、日本は、どちらかというと、親が子供にべったりしすぎている気《け》はまだあるので、もう少し子供が自立する方向に進めないといけないかもしれませんね。

「女性の生き方」の結論《けつろん》が出るまでに百年はかかる

そんなところでしょうか。女性もつらいですねえ。

でも、勉強は男性よりできるようになってきているものね。

国全体が、「国力を維持《いじ》する」という方向で行くと、やはり、女性のチャン

女性のチャンスを増やす

スが増《ふ》える方向に行くのかもしれません。

ただ、「女性は高学歴になると結婚《けっこん》できない」というような考えは間違《まちが》いなんですよ。例えば、東大出の女性は、けっこうよく結婚していきます。四人に三人ぐらいは結婚するんです。

先ほど述《の》べたように、世の中には、頭の良い女性が好きな男性はわりにいるんです。「頭の良い女性と結婚したら、頭の良い子供《こども》が生まれるんじゃないか」と想像《そうぞう》する人がいて、実際、生まれることも確《たし》かにあるんです。生まれない場合もあるんですけれども（笑）。だから、「高学歴の女性だから結婚できない」というわけではないんですね。

女性の生き方については、まだ文明実験中で、私も結論《けつろん》は言えないのです。はっきりと結論を出せるようになるまでに百年はかかりますね。

アメリカの女性も働いているけれども、かつて共産主義国《きょうさんしゅぎこく》であった旧《きゅう》ソ連でも、女性は、やはり働いていたし、離婚率《りこんりつ》も五割《わり》近くはあったので、現象的《げんしょうてき》にはアメリカと同じものがあったのです。

共産主義国には、「人間は平等だから、女性も働け」という面も、ある意味ではあって、どちらかというと、思想的には、「子供は、集めて面倒《めんどう》を見ればいいのであって、家庭で熱心に教育をする必要はあまりない」というような考えがあるようではあったのです。

だから、文明実験としての戦いは、まだまだ続いていますね。

「何を選択《せんたく》するか」による結果は自分に返ってくる

結局、何が最終的には幸福なのでしょうか。

保守的《ほしゅてき》な考え方をする人は、「女性は、電化製品《せいひん》とコンビニで解放《かいほう》され、外

責任を受け止める

で働けるようになった」ということを、良いことのように捉《とら》えずに、「『女性が外で働けるようになった』といっても、コンビニの弁当《べんとう》をつくるために工場で働いている女性が大勢《おおぜい》いるんだろう。それは、かつて家庭で御飯《ごはん》をつくっていた人たちが工場に勤《つと》めているだけじゃないか」というように批判《ひはん》することだってあるわけなので、何とも言えないところはあるのです。

ただ、「選択肢《せんたくし》が増《ふ》える」ということは、未来につながることだと思います。そして、「何を選択するか」ということによる結果は、やはり、自分に返ってくると思わなくてはいけません。必ずしも、「仕事を選んだら、こうなる。家庭を選んだら、こうなる」という法則《ほうそく》があるわけではなくて、まだまだ努力の余地《よち》はあると思います。

それから、寿命《じゅみょう》が延《の》びたので、これからは、生きている間に、会社が替《か》わったり伴侶《はんりょ》が替わったりすることは、ある程度《ていど》しかたがない時代に入るのかなと思います。

明治時代には日本人の平均《へいきん》寿命は四十代だったし、太平洋戦争のころも四十歳《さい》少々ぐらいしかなかったわけですが、それから見れば今は倍になっているので、「人生においては、いろいろなことが起きる。それも面白《おもしろ》いかな」と考えなくてはならない面もあるかもしれませんね。

難《むずか》しい時代に入りました。子供《こども》が親孝行《おやこうこう》をしない時代に入ったので、「そんなに子供に手をかけても無駄《むだ》だ。自分の人生をちゃんと生きないと損《そん》だ」という考えも、あることはあるのです。

親を大切にする儒教論理《じゅきょうろんり》が人々の間で生きているうちは、子供に手をかけたら、子供が親の老後の面倒《めんどう》を見てくれたので、そうする価値《かち》があったのです。しかし、今は、子供は、育てたらそれで終わりで、あとは親に何もしてくれないのです。

「それだったら、子供を産んで育てるほどでもないわ」という考えの女性が出てくるのは、論理的に見て、おかしなことではありません。親孝行な子供を

私の両親

育てる秘訣《ひけつ》を、説かないといけないかもしれませんね。そうでなければ、専門《せんもん》技能《ぎのう》を持った人は、仕事をなかなか捨《す》て切れないものはあります。

器用だった父、職業婦人《しょくぎょうふじん》だった母

私の場合は、両親とも職業《しょくぎょう》を持っていました。職業婦人《ふじん》の姿《すがた》を見ているので、「仕事が忙しいときに、どうなるか」ということを知っています。

また、父は県庁《けんちょう》に勤《つと》めていて、毎日、夕方の六時に帰ってくるので、母が忙《いそが》しいときには、父が晩御飯《ばんごはん》をつくっていましたし、年末の年越《としこ》しそばも、いつも父がつくっていましたね。

父は器用な人だったので、それが別に苦にはならなかったようです。私の祖《そ》父《ふ》が宮大工《みやだいく》だったせいか、わが家の家系《かけい》には、手先の器用な人が多く、また、芸術家《げいじゅつか》も多いので、男たちがみな、〝ものづくり〟が好きだったのです。

父は、料理をつくるのがそれなりにうまくて、フライパンなんかは、けっこう天才的な使い方をしていました。お好み焼きをフライパンでつくるときには、「ホッ」とか言って、中身をパーッと空中に跳《は》ね上げ、ひっくり返してポンと受けたりするのが、実にうまかったことを、いまだに覚えています。私は、できないんですけどもね（笑）。

幸福の科学は、来年（二〇一〇年）、中高一貫《いっかん》教育の「幸福の科学学園」を開校する予定ですが、将来《しょうらい》に備《そな》えて、男女が共に家庭科をしっかりと勉強しておいたほうがいいかもしれません。男女が両方とも料理などをできるようでないと、やはり困《こま》るかもしれませんね。

女性にもチャンスを与えるべきです。ただし、その「選択の結果」については、受け止めなくてはなりません。

第7章

知的青春へのヒント

Hints for an Intellectual Life in Youth

Q1　読書の秘訣《ひけつ》

Q2　経済学《けいざいがく》を学ぶ際の注意点

Q3　日本の若者《わかもの》に必要な心構《こころがま》え

Q4　説得力を磨《みが》くコツ

7

Q
1

読書の秘訣《ひけつ》

私は、数多くの本を読み、知識《ちしき》をたくさん吸収《きゅうしゅう》していきたいと考えているのですが、本を読む際《さい》に辞書を引くことも多く、読書のスピードが上がらずに悩《なや》んでいます。本を速く読む秘訣《ひけつ》を教えてください。

その本と付き合う時間の「見切り」を設《もう》ける

私は、自分の著書《ちょしょ》は速く読めないんですけれども、ほかの人の本は速く読めるんです。

自分の著書が、そんなに簡単《かんたん》に速く読めないのは、中身が濃《こ》いからなんです

本の“格”、本のレベル

ね。いたるところに、見落とすといけないことが数多く書いてあります。うっかりすると、著者でさえ読み落とすおそれがあるような、その時点での考えが述《の》べてあって、内容《ないよう》が深いんです。そのため、そんなに速く読むことはできないわけです。

ただ、私の著書以外の本は非常《ひじょう》に速く読めます。今年（二〇〇九年）になってから、もう百二十冊《さつ》は読んでいると思うんですけれども（一月二十五日時点）、読むのは非常に速いんです。

なぜ速いかというと、一種の〝見切り〟を設《もう》けているからです。「この本に付き合う時間は、どの程度《ていど》か」ということを見切るわけです。

本を手に取って、本の題と著者名、著者略歴《りゃくれき》、まえがき、あとがき、目次等を見れば、だいたい、その本の〝格《かく》〟やレベルが分かるので、「この著者の、この本に付き合うために、私が割《さ》いてよい時間は、いったい、どのくらいであるか」ということを、読む前に考えるんです。

そして、「自分が、この本に付き合っていい時間は一時間」とか、「三十分」とか、「十分」とか、「五分」とかいうことを見切るんです。私は、速いときには一冊を五分で読んでしまいます。あるいは、重要な内容であれば、「一週間かけるべき本である」とか、「五時間ぐらいかける本である」とか考えます。

つまり、「この本を読むのに、どのくらい時間がかかるか」と考えるのではなくて、「この本を、どのくらいの時間で読むか」ということを自分で見積もらないといけないんです。そして、「今日は何冊ぐらい読む」、あるいは、「今週は何冊ぐらい読む」と決めていきます。

誰《だれ》しも、本を読むために使える時間は限《かぎ》られているので、自分が読むべき本の重要度を見て、「この本に、このくらいの時間をかけ、この本には、このくらいの時間をかける」ということを決め、その時間内に読み終えるように努力することです。

欲張らないこと

一冊《さつ》の本のなかに一つでも〝ヒント〟があれば元は取れる

辞書を引きながら読むのも結構《けっこう》です。例えば、自分の専攻《せんこう》や業務《ぎょうむ》にかかわる専門的な本を読む場合など、テキストのような本については、ある程度《ていど》、辞書を引きながら読んでもいいかと思います。

そうではない本の場合は、例えば会社の経営者《けいえいしゃ》であれば、千円か二千円の本一冊《さつ》のなかに、一つか二つ、あるいは二つか三つ、何か経営のヒントになるものが発見できたら、十分に元が取れてしまうので、あまり欲張《よくば》らないことが大事ですね。

ですから、目の前に五冊なり十冊なりの本を積み上げ、「これを、だいたい何日で読む」とか、「何時間で読む」とか、ある程度、目安をつけて、その間《あいだ》に読み切ることですね。

「繰《く》り返し読んで自分の宝物《たからもの》にすべき本」を選別する

本を読むときには、最初のほうは少しゆっくりめに読むんです。一章あたりは、そんなに飛ばし読みをしないで、ある程度《ていど》、内容《ないよう》をよく読んでいきます。

そして、本のレベルと著者《ちょしゃ》の言いたいことをだいたい読み取ってきたら、「こんな本だな」ということは読み間違《まちが》わなくなるので、あとは、だんだん速度を上げていくわけです。

そうして、だいたい予定の時間で一冊《さつ》を読み終えることが大事です。もし、繰《く》り返し読むに足る本であったら、その本に、「いずれ、また、繰り返して読むべきである」という意味の印を何か付けておけばいいんです。

本はたくさん読まなくてはいけないんですが、全部を繰り返し読むことは無理なので、たくさんの本を速く読み、そのなかで、繰り返し精読《せいどく》すべき本を探《さが》

本を速く読むコツ

- どのくらいの時間で読むか決める
- 最初のほうはゆっくりめに読み、だんだん速度を上げる
- 繰り返し読むべき本を選別するつもりで読む

すことが大事であると思われます。

「読書家といわれる人でも、一生のうちで、繰り返し読む本を五百冊持つのは、なかなか大変だ」と言われています。普通《ふつう》は、そこまで行かないでしょう。百冊だって大変であり、一生のうちで繰り返し読む本は、なかなか手に入るものではありません。

「本を全部読み尽《つ》くす。隅《すみ》から隅まで読む」という考え方もありますけれども、見方を変え、「繰り返し読んで自分の宝物《たからもの》にすべき本を選別している」と思って読むといいと思います。それ以外の本については、何か仕事上のヒントになるようなことや、一般《いっぱん》教養にな

ることなどを手に入れることができたら、それでも満足とするのです。そういう読み方をしないと、現代においては、やや無理があるかと思うんです。

例えば、五百ページぐらいある分厚い総合雑誌《そうごうざっし》には、いずれも、いろいろな人の論文《ろんぶん》などが数多く載《の》っています。それらをすべて読んでいると、大変な時間がかかりますよね。「これを、最初から最後まで、隅から隅まで読む人が、ほんとうに何万人も、あるいは十万人も二十万人もいるんだろうか」と、私は長らく不思議に思っていたんです。

ところが、私も出版社《しゅっぱんしゃ》をつくり、雑誌等を出している関係から、出版業界の人に訊《き》いてみたところ、「そうじゃないんです。あの一冊のなかで、気になる記事を一つだけ読んでもらえれば、それでいいんです。そのつもりで出しているんです」と言っていました。なるほど、出すほうは、そう考えているんですね。「どれか一つでも読んでもらえればいい」と思っているわけです。

「隅から隅まで読む」というのは、どうやら、本が、かなりの貴重品《きちょうひん》であっ

本によって読み方を変える

て、なかなか手に入らなかった時代の発想であるらしいのです。

「仏法真理《ぶっぽうしんり》の書籍《しょせき》」は時間をかけて読む

幾《いく》つかのことを述《の》べましたが、改めて整理してみましょう。

まず、テキストになるような本については、精読《せいどく》したほうがよいと思いますが、一般《いっぱん》の読書においては、繰《く》り返し読む本を見つけるために読めばよくて、二回目から読むのが本物の読書と思えばよいのです。

そして、手持ち時間がいくらあるかを見て、「この本を何分で読む」とか、「何時間で読む」とか、ある程度《ていど》、めどを立てて、本と付き合うのがよいと思われます。

さらには、本を読むときには、最初のほうは少し時間をかけながら読み、しだいに速度を上げていって、最後まで読み切ってしまうほうがよいと思います。

私は、原則《げんそく》として、本は全部読み切っていますが、著者《ちょしゃ》のレベルを見て、その本にかける時間を自分で決めています。何冊《なんさつ》をどれだけの時間で読むかは自分で決めて読んでいるのです。

一方、私の著書は、あまり簡単《かんたん》に読むと、大切なことが頭に残らない場合もあると思うので、時間をかけて読んでいただいてもかまいません。

一般論《ろん》を述べました。読書論については、いろいろと深みがあるので、他の考え方もありますが、今、あなたが持っている時間のなかで方法を選ぶことです。一冊の本にかける時間を見切っていくことが大事かと思います。

Q2 経済学《けいざいがく》を学ぶ際の注意点

私は、アメリカの大学院へ行って経済学《けいざいがく》と宗教学《しゅうきょうがく》を専攻《せんこう》し、将来《しょうらい》、〝宗教経済学者〟になりたいと思っています。経済学を学ぶにあたって、何が最重要の優先事項《ゆうせんじこう》なのかということを教えてください。

宗教学《しゅうきょうがく》はほとんど「訓詁学《くんこがく》」になっている

宗教学と経済学を両方やるのですか。それは大変ですね。

宗教学については、どこに留学《りゅうがく》しても幸福の科学よりレベルは下なので、少しがっかりするかもしれません。英語の勉強にはなるので、行くのはかまわないし、アメリカで学位等を取るのであれば、それはそれで〝箔《はく》〟がつくでしょうから、そういう道もあると思います。

ただ、残念ですが、どこへ行ってもレベルは低いので、それは我慢《がまん》してくださ い。宗教学は、だいたい、どこでも少しマイナーで、旧《ふる》いものばかりやっていて、訓詁学《くんこがく》というか、古典学になっているので、若干《じゃっかん》、面白《おもしろ》みに欠け、現代《げんだい》の問題に答えていない学問と言えるでしょう。もっとも、それはそれで、教養にはなるかもしれません。

「経済的人間《けいざいてきにんげん》」など存在《そんざい》しない

次に、経済学《けいざいがく》のほうについて、留学《りゅうがく》するにあたってのポイントとは何かを、お話ししましょう。

当会の指導霊《しどうれい》の一人に、私の「魂《たましい》の兄弟」でもあるヘルメスがいます。ヘルメスは「商業の神」であり、「旅行の神」でもあります。商業と旅行はつ

人には感情や好みがある

ながっているからです。商売をする人は旅行をするので、当然、商業の神は旅行の神でもあるわけです。また、オランダの貿易港《ぼうえきこう》であるアムステルダム港には、ニワトリを連れ、金貨の袋《ふくろ》をぶら下げたヘルメス像《ぞう》があるので、「貿易の神」でもあるのだろうと思います。

したがって、私にも経済について意見を言う権利《けんり》はあるだろうと思うので、一言《ひとこと》、述《の》べておきますが、今の経済学には二つの問題があります。

一つは、とにかく、「標準的人間《ひょうじゅんてきにんげん》」というものを考えることです。「経済的人間（ホモ・エコノミクス）」という、「思想も信条《しんじょう》もない、単に利害だけで動く人間」というものを想定して学問を組み立てているんですね。

そういうことは、この世的には、ほんとうはありえないことです。

人間は感情《かんじょう》を持っています。感情もあれば好き嫌《きら》いもあって、もう千差万別なんです。だから、それについては体系化《たいけいか》できません。人々の感情や好みを体系化することはできないため、それらを一切《いっさい》、無視《むし》して、「経済的人間」なるものを想定し、「こういう場合には、こういうふうに動くはずだ」という、数学処理《しょり》ができるような考え方を立てているのです。

しかし、根本的に、これは〝嘘《うそ》〟だと思ってよいのです。そんなことはありえないので、ただの〝理論《りろん》の遊び〟です。

例えば、ファッションの世界に将棋《しょうぎ》やチェスの世界を持ち込《こ》んだようなものだと思ってください。将棋やチェスにおける駒《こま》の動きのように、「〝この駒〟がこう動いたら、ここで服を買わなければいけない」というように連想するかといえば、するはずがありませんね。そういうものではないでしょう。

したがって、「経済的人間」なるものは存在《そんざい》しないのです。そのような〝空想〟を前提《ぜんてい》にして理論を組み立てているということを、今の経済学の欠点として知っておいたほうがよいと思います。

統計学《とうけいがく》を重視《じゅうし》しすぎる理論経済《りろんけいざい》学者

「事業家魂」を持つ

もう一つの欠点は、統計学《とうけいがく》を重視《じゅうし》しすぎることです。いわゆる「マクロ経済《けいざい》学《がく》」というものでは、統計の結果を見て、さまざまなことを判断《はんだん》するわけですが、これにもまた同じような欠点があります。人間には意欲《いよく》というものがあり、その意欲によって状況《じょうきょう》を変えていくことができるのです。

「今までの統計結果から見れば、来年はこうなって、五年後はこうなって、十年後はこうなる」と予想する理論経済学者は、頭の良い、賢《かしこ》い人たちなのですが、そういう人たちは、絶対《ぜったい》に事業を一つも起こせないような人たちでもあるのです。

一方、事業家というのは、「『統計的に見て、そのようになる』と言うのならば、では、そうならないようにしよう」と考える人たちなんですよ。

「このままでは来年の収入《しゅうにゅう》が落ち込《こ》みます」という統計的な〝予言〟が出たら、「そうですか。では、収入が落ち込まないように考えましょう。新しい商売のネタを探《さが》さなければいけませんね」と言うのが事業家なんです。

けれども、政府《せいふ》のレベルや大きなレベルでの経済、マクロ経済学を考える場合には、統計学で処理《しょり》していきます。

日銀の短観《たんかん》（全国企業《きぎょう》短期経済観測調査《かんそくちょうさ》）といった、経済状況に関する日銀の意見なども、一定の基準《きじゅん》で一万社程度《ていど》を抽出《ちゅうしゅつ》してアンケート用紙を発送し、回答を集計したものにすぎません。それで、「全体的に、日本の会社は『来年は苦しい』と言っている」というようなことが載《の》ったりします。

しかし、その回答は、社長ではなく広報担当者《こうほうたんとうしゃ》が書いて返している場合がほとんどなのです。ここに、統計を信じすぎることの恐《おそ》ろしさがあります。

理論経済学者たちは、「事業家魂《じぎょうかだましい》」というものが分かっていないのです。

企業家《きぎょうか》は、未来を変えようとする存在《そんざい》

人間は「未来を変えることができる存在《そんざい》」なんです。だから、企業家《きぎょうか》というのは、とても偉《えら》いのです。

智慧の力

これは、昔の時代を考えれば分かることです。戦国時代の戦《いくさ》では、武将《ぶしょう》が強ければ勝てるけれども、弱ければ負けます。これは誰《だれ》でも知っていることです。王や将軍《しょうぐん》が弱ければ負けるし、強ければ勝ちますね。あるいは、軍師《ぐんし》が良ければ勝てるし、悪ければ負けます。簡単《かんたん》な道理です。企業で言えば、社長や副社長、あるいは専務《せんむ》あたりの能力《のうりょく》で、けっこう決まってしまうわけです。

昔のことなら分かるけれども、現代《げんだい》のことになると分からないんですよ。敵《てき》の兵力が八十万で、味方の兵力は五万だったら、「これは絶対《ぜったい》に負けます」と判断《はんだん》するのが統計経済学《とうけいけいざいがく》なのです。

しかし、「八十万対五万なら、小さいほうが必ず負ける」ということであるならば、例えば、映画《えいが》「レッドクリフ」で描《えが》かれていたような、『三国志《さんごくし》』の「赤壁《せきへき》の戦い」は成り立ちません。「何十倍もの敵に勝てる作戦」というものを軍師が立てれば、実際《じっさい》に勝つことがあるのです。

これは戦でもそうですが、企業の世界でもそうです。「小さいものが大きいものを倒《たお》す」「小さい企業が大きい企業を追い抜《ぬ》いてしまう」ということが、現実には起きるんですよ。これが、人間の智慧《ちえ》の力、知力の素晴《すば》らしさであり、この面白《おもしろ》さがあるから企業の経営《けいえい》はやめられないのです。

ところが、統計学のほうへ行く人は、この世的には「頭の良い人」と判定されることが多いので、そういう人にうまく騙《だま》されてしまい、説得されてしまうのです。それを見破《みやぶ》らなければいけません。

やはり、人間の力をもう少し信じなければいけないと思いますね。

シュンペーター、ハイエク、ドラッカーの理論《りろん》のほうが正しい

留学《りゅうがく》して経済学《けいざいがく》を勉強するのは結構《けっこう》ですが、今は主流ではないけれども、シュンペーターとハイエクの経済学は勉強しておかなければいけません。彼らが言っていることは基本的に正しいのです。経済学としては傍流《ぼうりゅう》のほうに近いとは思

経済学を学ぶ際の注意点

・「経済的人間」など存在しない
・統計を信じすぎない
・シュンペーター、ハイエク、ドラッカーの本を勉強する

いますが、彼らの言っていることのほうが正しくて、今、主流になっている経済学のほうが、実は間違《まちが》っているのです。

シュンペーターやハイエクの理論《りろん》については、自分なりにきちんと勉強をしておいたほうがよいでしょう。彼らは正しいことを言っています。主流からは外れていますが、この二人だけは押《お》さえておいてください。シュンペーターとハイエクの視点《してん》が大事です。

それから、これも正統派《せいとうは》の経済学とは言えないかもしれませんが、実用性《じつようせい》の経済学、実《じっ》践《せん》の経営学《けいえいがく》として、企業《きぎょう》の社長たちが神様のように信奉《しんぽう》しているピーター・F・ドラッカ

ーの理論があります。

この三人の著書《ちょしょ》については、絶対《ぜったい》に読んでおかなければいけないと思います。それ以外の、現時点《げんじてん》で流行《はや》っているものや、賢《かしこ》く見えるものほど、怪《あや》しいと思って間違いありません。

経済学においては、著書や論文《ろんぶん》のなかに数式がたくさん出てくるものほど、実は疑《うたが》わしいのです。数式を出せば読者は分からなくなり、そこで思考がストップするからです。「これは分からない」というところがあると、「どうだ、おれのほうが頭が良いだろう」と言われているような感じがして、「あとの理論も全部正しいのかな」と思ってしまうことがあるので、気をつけなければいけません。

理論経済学者に経営をさせたら、絶対に成功しないでしょうから、実際《じっさい》には間違ったことを教えているのです。

以上のことを注意しておきます。

Q3

日本の若者《わかもの》に必要な心構《こころがま》え

私は、帽子《ぼうし》作家として修業《しゅぎょう》をしているのですが、仕事を通して、真理を世界に伝え、大川隆法総裁《おおかわりゅうほうそうさい》が『勇気の法』（幸福の科学出版刊）で提《てい》唱《しょう》された「第二のルネッサンス」を実現《じつげん》させたいと強く願っています。

こうした文化的な側面で頑張《がんば》っている私たち若者《わかもの》に対して、アドバイスをお願いします。

今の日本に必要なのは「天才」づくり

ちょっと珍《めずら》しい質問《しつもん》ですね。

「帽子《ぼうし》作家をしている」とのことですが、実は、私は帽子が好きで、けっこうたくさん持っているんです。私は帽子を愛用しており、夏も冬も、帽子をかぶってよく歩いています。

さて、「若《わか》い人たちが、新たな文明、『第二のルネッサンス』を起こすための考え方は何か」ということですね。

世の中には、いろいろな業種があるので、「どれが尊《とうと》くて、どれが尊くない」ということは言えませんが、やはり、それぞれの趣味《しゅみ》、自分の好みというものがあるでしょうし、自分の好きなことが、やはり才能《さいのう》のある分野なので、好きなことを追い求めていけばよいと思うんです。

ただ、全体的な考え方として言っておきたいことがあります。

今、日本に必要なのは、やはり「天才」です。天才をつくらなければいけないんです。

私は、「アメリカは、これから〝日本化〟してくる」と述《の》べたことがあります

それぞれのジャンルにおける天才

が（『日本《にっぽん》の繁栄《はんえい》は、絶対《ぜったい》に揺《ゆ》るがない』〔幸福の科学出版刊〕第5章参照）、これは予言なのです。

オバマ氏が大統領《だいとうりょう》を何年務《つと》めるかは分かりませんが、彼が大統領であるかぎり、アメリカのジャパナイゼーション、日本化が進んでくると見て間違《まちが》いありません。

彼は、「社会を標準化《ひょうじゅんか》し、アメリカ人の平均《へいきん》レベルを一定のレベルまで上げて、幸福な中間層《ちゅうかんそう》をたくさんつくる」という方向に力を注ぐはずです。そのように、かつて日本人が経験《けいけん》した方向に行くだろうと思います。

しかし、日本がやるべきことは、その逆《ぎゃく》です。今、天才が必要なんです。天才といっても、これだけ職業《しょくぎょう》が分化している時代なので、「万能の天才」というわけにはいかないでしょうね。私の「魂《たましい》の兄弟」に、アトランティス文明の時代に生まれて、「万能の天才」と言われた、トスという人がいますが（『太陽の法』〔幸福の科学出版刊〕第5章参照）、そのようなタイプの天才は今はもう無理だろうと思います。

やはり、それぞれのジャンルでの天才が必要です。例えば、医者であれば、マンガの「ブラック・ジャック」のような天才が必要なんですね。あるいは、農業の天才が必要かもしれないし、帽子づくりの天才が必要かもしれないし、料理の天才が出てこなければいけないかもしれません。

いろいろなジャンルがあるので、種類は多いと思いますが、それぞれの分野に天才が必要なんです。そうした天才たちが未来を開いていくんです。

「今世紀中に千人の天才を出そう」という国家的気運を

では、どうすれば天才が出るのでしょうか。今までのように、「平均的《へいきんてき》に、みんなが仲良く同じように進んでいけばよい」という考えでは駄目《だめ》なんです。そういう考え方だと天才が出てこないんですよ。

「強い個性」を大切に

天才というのは、強い個性《こせい》を持った独創的《どくそうてき》な存在《そんざい》なので、集団性《しゅうだんせい》が強いところでは弾《はじ》かれてドロップアウトしてしまうんですね。

弾かれても、またそれなりに生きていく道があれば、それでも行けるのですが、日本の社会の場合、弾かれたらそれで終わりになってしまうケースが、けっこう多いんですよ。

外国では、例えば、子供《こども》のなかに、芸術的《げいじゅつてき》な天才やバレエの天才、スポーツの天才などがいたら、国家レベルで、けっこう早いうちから育てようとしますが、日本では、「義務《ぎむ》教育をきちんと終えてから」と考えることが多かったんです。

学校の先生の指導《しどう》に従《したが》わないような子は、「変わり者だ」ということで〝異端《いたん》〟の烙印《らくいん》を押《お》され、弾き出されて学校を中退《ちゅうたい》し、まともな職業《しょくぎょう》に就《つ》けないようなことがわりに多かったんですね。

しかし、考え方を変えて、「二十一世紀中に、天才と呼《よ》ばれるような人を、日本から千人ぐらい出そうではないか。いろいろなジャンルから、千人ぐらいの天才を出そうではないか」というぐらいの気持ちを、日本は国家として持つべきです。そうすれば、新しい道を開いていく人がたくさん出てくるでしょう。

少し道を開いてあげたら、天才は出てくるんですよ。ただ、少しだけ、周りが後押しをしてやったり、障害物《しょうがいぶつ》を取り除《のぞ》いてやったりして、呼び水、誘《さそ》い水を入れてやる必要があります。そういう導《みちび》きがないと、才能《さいのう》が開花しないことがあるんです。

「二十一世紀中に千人ぐらいの天才を出すぞ」という気持ちがあれば、〝ものまね日本〟ではなくて、今までにない「日本発」の新しいものが、これからたくさん出てきます。

帽子《ぼうし》づくりの天才でもいいんですよ。「次から次へと、見たこともないような帽子が生み出されてきて、それが世界で流行《はや》っていく」ということだって、すごいことです。それは服づくりでも同じでしょう。

祝福の心

才能《さいのう》のある人を「集団的嫉妬《しゅうだんてきしっと》」で潰《つぶ》さない

そういう意味では、「型破《かたやぶ》りで、独創的《どくそうてき》で、集団性《しゅうだんせい》になじまないようなタイプの人であっても、それなりに優《すぐ》れたものがあるならば認《みと》める」という、〝大人の世界〟になることが大事です。政府《せいふ》関係者や社会の重鎮《じゅうちん》などの立場にいる人たちも、そういうタイプの人を認める必要があります。

これまでのような、同質《どうしつ》の世界のなかで、足を引っ張《ぱ》り合ったり、嫉妬《しっと》し合ったりするのではなく、「あの人には、とても独創的な才能《さいのう》がある。サラリーマンには向いていないかもしれないけれども、その道に行けば、すごい人になるかもしれない」と考え、祝福する気持ちを持つことが大事ですね。

嫉妬するのではなくて、「祝福の心」を持たなくてはいけません。

集団においては、誰《だれ》かが成功すると、「その人を、すぐにパッと潰《つぶ》しに行くことが正義《せいぎ》である」というような動きをしがちなんですよ。確《たし》かに、そういう人には、隙《すき》がある部分もあるのですが、「他人よりも突出《とっしゅつ》して、何かうまいことをした人を、必ず潰す」という傾向《けいこう》が、日本には昔からあるので、このカルチャーを何とかして破らなければいけません。

「傑出《けっしゅつ》した人や天才は、やはり素晴《すば》らしいものだな」と考えて、拍手《はくしゅ》を送らなければいけないんです。

今、そういう天才が認められているのは、野球など一部のスポーツの世界ぐらいでしょう。野球選手で、アメリカの大リーグへ行って活躍《かつやく》したりすると、天才のように言われて、誰にも嫉妬されないで済《す》むのですが、そういう人は、ほんの一部です。

それ以外では、将棋《しょうぎ》の天才や卓球《たっきゅう》の天才ぐらいは、少し認めてもらえるけれども、まだまだ数は少ないですね。

日本の場合、世間の人の多くが価値《かち》を感じているようなものについては、天才の存在《そんざい》を「認めたくない」という人が多いのです。

第二のルネッサンス

したがって、「天才をつくり出そう」という国家的な気運を高めることが大事です。そういう気運を百年ぐらい持ち続けたら、天才がたくさん出てきて、「第二のルネッサンス」が到来《とうらい》します。

その素地《そじ》は、すでに十分にあるんですよ。

だから、「集団的な嫉妬で潰さない」ということを、みんなで努力し、心して優れた人を出していこうとすることが大事ですね。

例えば、音楽家で言えば、モーツァルトやバッハ、ハイドンのような人が日本に出てきたっていいわけです。そういう高みができることを願うことが非常《ひじょう》に大事だと思うんですね。

私は、そう思います。

「長所をほめる」国民性《こくみんせい》を持とう

そのためには、やはり、「長所を伸《の》ばす」ということに対して、もっともっと

天才を輩出するための心構え

- 型破りな人でも、優れたところがあれば認める
- 嫉妬せずに、祝福する
- 短所を責めず、長所をほめる

肯定的《こうていてき》に考えるカルチャーをつくることが大事ですね。短所を抑《おさ》えることも大事ですが、長所を伸ばしていくことを肯定的に捉《とら》えることが大事なんです。

この辺がアメリカ人などの優《すぐ》れたところだと思うんですよ。「短所を責《せ》めるよりも、まず長所をほめる」という国民性《こくみんせい》を持っています。

それが、どれほど人々を勇気づけていることでしょうか。移民《いみん》としてアメリカに渡《わた》った人たちや、留学《りゅうがく》のためにアメリカに渡った人たちを、どれだけ勇気づけたことでしょうか。

彼らは、まず、他の人の長所や優れたところをほめるんです。「アメリカ人の平均《へいきん》から見

長所をほめる

たら、あなたは平均以下ですよ」などということを言ったりせずに、良いところがあったら、それをほめるようなところがありますね。

日本人も、そういうふうになりたいものです。

国民の水準《すいじゅん》が上がってくれば、だいたい、そういうことができるようになってくるので、どうか、そういう意味での天才を数多くつくる時代を開こうではありませんか。これは大事なことですよ。

特に、若《わか》い人たちには、「君は君の道を行け。私は私の道を行く。ただ、別の道を行くけれども、お互《たが》いに尊敬《そんけい》し合い、たたえ合えるような生き方をしたいものだね」という考え方を持ってほしいと思います。

一定以上に年を取った人は、学んだことや経験《けいけん》をなかなか捨《す》てられないので、そう簡単《かんたん》には変わりません。やはり、若い人のほうが、そういう世界に切り替《か》えていけるチャンスが多いと思うんです。

優れた人を認《みと》めていき、嫉妬《しっと》しないように努力すること、祝福の心を持つことが大事です。

二十一世紀中に日本から千人の天才を出しましょう。

日本には〝隠《かく》れた天才〟がたくさんいる

もっとも、立派《りっぱ》な人たちは、もうすでにいるんですよ。

ところが、言葉の問題が一つあるんですね。

英語圏《えいごけん》ではノーベル賞の受賞者が数多く出ます。ノーベル賞においては、論文《ろんぶん》などが英語になっていないと、たいていは賞が取れないんです。日本に独創的《どくそうてき》な研究などがあっても、それを英語で発表していないかぎり、審査員《しんさいん》の目に届《とど》かないことがあるんですね。

その意味では、ノーベル賞を取るには、日本人はマイナスの立場にあると言えますが、逆《ぎゃく》に利点もあるんです。

英語圏の人は、何かを発明・発見し、それを発表したら、すぐにまねられて、

“天才”を目指そう

ほかでも同じことをされてしまいますが、日本で研究して日本語で発表したものは、外国の人には読めないため、すぐにはまねされないんです。そのため、追いつかれるまでに時間がかかり、タイムラグがあるわけです。

外国の良いものはすぐに学べるのに、日本国内の良いものが世界に知られるまでには少し時間がかかるので、その意味では、日本の研究者や天才型の人は、独《どく》走態勢《そうたいせい》に入るのに非常に有利な立場にあると言えます。その何年かの間に、かなり先へ行ける可能性《かのうせい》があるんです。

日本語が国際語《こくさいご》ではないことのハンディもありますが、「日本には、まだ世界に知られていない〝隠《かく》れた天才〟がたくさんいて、そういう天才たちが、これから世に現《あらわ》れてくるのだ」ということも言えるんですね。

友人たちとお互《たが》いに「君も天才かもしれないね」と言い合いながら、青春時代を送りたいものですね。

Q4

説得力を磨《みが》くコツ

最近、大学から、「学校のなかで伝道をしてはいけない」と注意をされました。学内で伝道することは、いけないことなのでしょうか。

また、友人に真理を伝えていくために、説得力をどのように高めていけばよいか教えてください。

「信教の自由」は憲法《けんぽう》で保障《ほしょう》されている

最近は、「学内で布教《ふきょう》するなかれ」というような指導《しどう》をしている大学もあるらしいですね。そういう〝お達し〟が文部科学省から来ているのかもしれないし、

真理を伝える

先生のほうの老婆心《ろうばしん》もあるんだろうと思います。ほかの宗教《しゅうきょう》で少し問題があったりすると、心配になるので、すぐ、そういうふうになりやすいんですね。

ただ、日本国憲法《けんぽう》を読めば、「信教の自由」はきちんと保障《ほしょう》されています（第二十条《じょう》）。「信教の自由」も「信仰告白《しんこう》の自由」もきちんとありますし、「良心の自由」もあるんです（第十九条）。

「何人《なんぴと》も、いかなる奴隷的拘束《どれいてきこうそく》も受けない自由」という条項《じょうこう》（第十八条）もあるんですよ。

もちろん、「学問の自由」（第二十三条）もありますが、「学問の自由」と「信教の自由」は、憲法上、「どちらが上で、どちらが下」という関係ではないんです。

「信教の自由」は個人《こじん》に属《ぞく》するものなので、大学での学問研究を妨《さまた》げない範囲《はんい》であれば、真理の伝道をしてもかまわないはずです。

実社会に出ると、断《ことわ》られることの連続である

意外に「案ずるより産むがやすし」なので、やってみることですよ。

「断《ことわ》られる恐怖《きょうふ》」は、やはりあると思うんですけれども、実社会に出ると、断られることの連続なんですよ。

みなさんのお父さんやお母さんのうち、半分ぐらいの方は営業《えいぎょう》の仕事をしているかもしれませんが、営業というのは、まさしく、そうなんですね。

あるいは、何かの研究をしていても、「研究の成果を受け入れてもらえない」というようなことも、いくらでもあるんです。

「断られること」に、あまり負けていたら、何も進まないんですよ。

だから、断られても断られても、立ち上がる力が要《い》るんです。

例えば、「今日、営業で三十軒《けん》を回って、全部、断られた。もう明日《あした》から仕事をするのはやめた」と考えるような人だったら、やはり駄目《だめ》なんですよ。

「案ずるより産むがやすし」

今日、三十軒に断られて、がっかりし、お風呂《ふろ》につかったあと、死にそうな感じで寝《ね》たとしても、翌日《よくじつ》、日が昇《のぼ》ったら、また元気になって、「よし、今日は三十一軒、回ってやろうか」と思うぐらいでなければ、やはり成功しないいんですよね。

学生時代の宗教《しゅうきょう》活動は、仕事の練習にもなると思うので、そんなに怖《こわ》がらずに当たってみたらどうでしょうか。

全国で映画《えいが》を上映できるのは、「社会的信用」が高い証拠《しょうこ》

もう一つ言うと、今年（二〇〇九年）の秋、幸福の科学は、映画《えいが》「仏陀再誕《ぶっださいたん》」を公開する予定ですが、「仏陀再誕」というタイトルで、全国の映画館で上映ができ、また、新聞や雑誌《ざっし》の広告を打てるのですから、幸福の科学は、実は、ものすごく恵《めぐ》まれた立場にあるんです。それは知らなければいけないんですよ。

宗教《しゅうきょう》の場合、普通《ふつう》は、広告を出してもらえないんです。

二千六百年前の仏陀の物語のような歴史物語ならともかく、「仏陀再誕」というタイトルの映画を、全国で上映し、広告も打てるんです。各媒体《ばいたい》がそれを受けてくださるわけですから、それは、「当会に、どれだけ社会的信用があるか」ということを示《しめ》しているんですよ。

宗教はたくさんありますが、信用には、いろいろ差があるんです。目に見えない空気のようなものではあっても信用には差があって、幸福の科学の場合は、これまでの実績《じっせき》から、ある程度《ていど》、媒体のほうも受け入れてくださっているんです。

それだけの信用があるのに、若《わか》い人たちが、まだ活動できないのであれば、弱いとしか言いようがありませんね。

意志《いし》を強くし、説得の技術《ぎじゅつ》を磨《みが》こう

「意志《いし》の力」をもう少し強くし、それから、「思いの力」をもっと信じなければ

「意志の力」を強くする「思いの力」を信じる

いけません。「念ずれば花ひらく」という言葉がありますが、それは、「強く思えば道が開ける」ということですね。

その「思いの力」を強くしていくことが大事ですね。それは、生きていく上でも、いろいろな面で役に立つのです。

毎日、自分自身を強くしなければいけません。「自分自身は、もっと強い人間になれる」「もっとなめらかに人を説得できる力が、自分にはあるんだ」と信じることですよ。

結局、伝道といっても、「説得の技術《ぎじゅつ》」なんですね。

説得の技術そのものは、この世の中で非常《ひじょう》に応用範囲《おうようはんい》の広い技術です。説得の技術があったら、この世の中で飢《う》え死にすることは、ほとんどありえないんですよ。

これは、どんな職業《しょくぎょう》に就《つ》いても大事なことです。会社でも、上司や同僚《どうりょう》を説得する技術があれば、自分の仕事を通すことができますし、外部の人を説得する技術があれば、お客さまや取引先に商品などを売ることができますね。

だから、思いを強くし、意志を強くし、説得の技術を磨《みが》くことが大事ですね。

「切り返しの技術《ぎじゅつ》」が必要である

それから、断《ことわ》られることは数多くあると思うんですが、〝第一撃《げき》〟で、あっさりとマットに沈《しず》められないようにしなければいけませんね。

それは「K－1」などの格闘技《かくとうぎ》でも同じだと思います。一発で倒《たお》されるようでは話にならないし、お金ももらえないので、倒されるにしても、何度も打ち合ってから倒されないといけないですよね。

同じように、説得力を磨《みが》く上でも、〝ブロックする技術《ぎじゅつ》〟が必要です。相手の〝攻撃《こうげき》〟をブロックしながら、隙《すき》を見て、また打ち返していく技術が必要なんですね。

それは、何かというと、「切り返しの技術」です。

質問する力

お勧《すす》めする。断られる。そうしたら、「どういうところが気に入らないんですか?」「なぜ駄目《だめ》なんでしょうか?」などと言って切り返すわけですね。

相手の論《ろん》を逆転《ぎゃくてん》させていく説得力が必要なんです。

だから、最初は相手に言わせてもいいんですが、上手に切り返していかなければいけないんです。

逆に質問《しつもん》して、「どこに問題があるんでしょうか?」と訊《き》いてみる。「宗教《しゅうきょう》だから」と言われたら、例えば、「宗教って日本国憲法《けんぽう》で認《みと》められていますよ。知っています?　宗教は良いものだと、基本的に日本国憲法は考えているんですよ」などと切り返していくのです。

幸福の科学が製作《せいさく》した映画《えいが》を、映画館が上映してくださるということは、映《えい》倫《りん》を通っているということなのです。過去《かこ》、数本の映画を製作しましたが、どの映画にも必ず映倫の番号が付いています。

したがって、「公共の場である映画館で幸福の科学の映画をかけても、青少年に害はない」という判断《はんだん》が下りているのです。

しかも、当会の映画は、二作目の「ヘルメス――愛は風の如《ごと》く」（一九九七年公開）以降、中央青少年団体連絡協議会《だんたいれんらく》などから推薦《すいせん》をよくもらっています。この中央青少年団体連絡協議会は、文部科学省が管轄《かんかつ》している団体です。だから、文部科学省系《けい》の人たちも、「この映画を観《み》ると、不良や非行《ひこう》、いじめが減《へ》る」と見て、当会の映画の応援《おうえん》をしてくださっているわけです。

そういう事情《じじょう》もよく知った上で、説得することが大事ですね。

自分の目で確認《かくにん》していないことでも、信じていることはたくさんある

「宗教《しゅうきょう》そのものが悪だ」というような考えに対抗《たいこう》するには、やはり、日頃《ひごろ》から仏法真理《ぶっぽうしんり》の教学をやっていることが大事ですね。「どのように説得するか」ということは勉強しだいだと思うんですよ。

あの世があるか、ないか二つに一つ

「死んだら何もかもなくなる」と思っている人を導《みちび》くのは、大変なことですけれども、基本的《きほんてき》には二つに一つですよね。「あの世があるか、ないか」ということは、可能性《かのうせい》としては二つに一つなのです。

単に、「自分が行ったことがないから信じられない」ということだけでは、「ない」ことの証明《しょうめい》にはなりませんね。

例えば、外国に行ったことがない人は大勢《おおぜい》いますよ。でも、外国がないことにはならないでしょう。

外国から帰ってきた人がいる。外国の情報《じょうほう》を知っている人がいる。その人が外国について語る。それに対して、「自分は行ったことがないから、そんな話は全部、嘘《うそ》だ」と言い切ることが通用するでしょうか。

アメリカという国がある。「アメリカに留学《りゅうがく》しました」「アメリカで働きました」という人が帰ってくる。アメリカの話をする。それに対し、「私はアメリカに行ったことがない。私は村から出たことがない。そんな国を私は見たことがない。だから、君は嘘つきだ」と言う。

「あの世なんか信じない」と言うことは、これと同じようなことなのです。

だから、そういう人の「論拠《ろんきょ》」を崩《くず》さなければいけませんね。

われわれは、実際《じっさい》に実験したことがないことであっても、信じていることはたくさんありますよ。実際、そうですよね。

教科書に載《の》っている科学的な内容《ないよう》を、誰《だれ》もが信じているけれども、実際に自分で実験して調べたわけではありませんよね。

例えば、石炭に強力な圧力《あつりょく》をかけたら、ダイヤモンドに変わるらしいのですが、実際に自分でやったことはありませんよね。みなさんは、どうでしょうか。信じられますか。

成分は同じく炭素《たんそ》であり、石炭にグーッと強い圧力をかけたら人工ダイヤモンドができてくるわけなんです。

しかし、それを信じるかどうかは自由ですよね。「石炭とダイヤモンドは違《ちが》う」

説得力を磨くコツ

- 断られることを怖れない
- 意志の力を強くする
- 切り返しの技術を磨く

と言い張《は》れば、それまでです。

だから、われわれは、自分で実験していないことでも信じているのですが、これと同じなんですね。「何であれ、自分が実験しないかぎり信じられない」と考える人ばかりでは、世の中は回っていきません。

やはり、それぞれの分野で専門的《せんもんてき》に研究している人がたくさんいるわけです。

宗教も、全部が全部、詐欺師《さぎし》の集団《しゅうだん》ではありません。「何千年も、連綿《れんめん》と詐欺師が人々を洗脳《せんのう》し続けている」などということはありえません。

国は違えども、世界各国で、いろいろな宗

教が次から次へとできてきます。やはり、必要なものだから出てくるのであって、「あの世は実際にある」と考えたほうが結論は早いのです。

真理とは単純《たんじゅん》なものなんですよ。宗教が起きる背景《はいけい》には、霊的《れいてき》な存在《そんざい》があるんです。あの世があるから、宗教が必ず起きるんです。シンプルなものが真理であり、正しいことなんですよね。

ここで述《の》べたことを参考にしながら、仲間と「こう言われたら、どのように切り返すか」ということをいろいろ相談しながら、説得の技術《ぎじゅつ》を磨《みが》いていけば、強くなれると思います。

最後は「勇気」である

そして、最後は勇気ですね。恥《はじ》をかいたらいいんです。大いに恥をかいたらいい。

「何回、断《ことわ》られたか」という記録をとって競争するのもいいよね。

「己心の魔」に勝つ

失恋《しつれん》記録だって、百回以上とかは、あまりないでしょう。伝道の場合も同じで、「百人に断られ続ける」というのも、なかなか難《むずか》しいことなのです。一定の打率《だりつ》は出てくるんですよ。

「どのくらいの規模《きぼ》で動いたら、どのくらい、新しい人が来てくださるか」というのは、統計学的《とうけいがくてき》には予想がつくことなんです。一般《いっぱん》社会では、そのような仕事の仕方をしているので、社会勉強をする機会でもあると思うんですね。

どうか「己心《こしん》の魔《ま》」に勝ってください。頑張《がんば》ってください。

大丈夫《だいじょうぶ》ですよ。断られても、あまり傷《きず》つかないことが大事です。へっちゃらでいくことですよ。「ああ、向こうが間違《まちが》っているんだ」と思って、翌日《よくじつ》また頑張ればいいんです。

あとがき

やはり二十一世紀も「知力の時代」が続いていくだろう。近道はない。うまずたゆまず努力する姿勢《しせい》を習慣化《しゅうかんか》することが、唯一《ゆいいつ》の成功への王道なのだ。

ただ、世間の画一化《かくいっか》した評価にのみ依存《いぞん》するのは、やめた方がよい。あなたはあなたの道を歩め。型《かた》にとらわれず、自らの信ずる道を堂々《どうどう》と歩んでゆくがよい。評価は後世《こうせい》に委《ゆだ》ねるがよい。

「知は力なり」である。無数の未来の天才も、この言葉の中から生まれて来ることだろう。

二〇〇九年　四月

幸福《こうふく》の科学総裁《かがくそうさい》　大川隆法《おおかわりゅうほう》

本書は左記の内容をとりまとめ、加筆したものです。

第1章～第6章　　二〇〇九年二月六日座談会

第7章　知的青春へのヒント

Q1　読書の秘訣　　二〇〇九年一月二十五日「信者との対話」より
東京都・東京正心館にて

Q2　経済学を学ぶ際の注意点　　二〇〇八年十二月十三日「信者との対話」より
東京都・江東支部精舎にて

Q3　日本の若者に必要な心構え　　二〇〇九年二月十一日「信者との対話」より
東京都・東京正心館にて

Q4　説得力を磨くコツ　　二〇〇九年一月十一日「信者との対話」より
東京都・東京正心館にて

『知的青春のすすめ』 大川隆法著作参考文献

『「幸福になれない」症候群』（幸福の科学出版刊）
『限りなく優しくあれ』（同右）
『勇気の法』（同右）
『日本の繁栄は、絶対に揺るがない』（同右）
『太陽の法』（同右）
『仏陀再誕』（同右）
『若き日のエル・カンターレ』（宗教法人幸福の科学刊）
※左記は書店では取り扱っておりません。最寄りの精舎、支部・拠点・布教所までお問い合わせください。

知的青春《ちてきせいしゅん》のすすめ ──輝く未来へのヒント──

2009年4月27日　初版第1刷

著　者　　大《おお》川《かわ》隆《りゅう》法《ほう》

発行所　　幸福の科学出版株式会社
〒142-0041 東京都品川区戸越1丁目6番7号
TEL(03)6384-3777
http://www.irhpress.co.jp/

印刷・製本　株式会社 堀内印刷所

ISBN978-4-87688-388-2 C0030

大川隆法 ベストセラーズ・キラリと光る自分になる

著者
501冊目の
渾身の書

失敗を怖れない
勇気が湧いてくる

勇気の法
熱血 火の如くあれ

1,800円

長続きする友情を育むコツ、挫折や失敗を乗り越える考え方などが説かれた、若い人たちへの希望の書。勇気とチャレンジ精神を呼び覚ます、情熱あふれるメッセージが満載。

第1章　友情と勇気について
第2章　挫折に耐える力を
第3章　ハングリー精神を失うな
第4章　熱血火の如くあれ
第5章　真実の人生を生き切れ

未来の自分を
つくるために

青春の原点
**されど、
自助努力に生きよ**

1,400円

英語や数学などの学問をする本当の意味や、自分も相手も幸福になる恋愛の秘訣など、セルフ・ヘルプの精神で貫かれた「青春入門」。

自らの理想を
実現する道

青春に贈る
**未来をつかむ
人生戦略**

1,456円

青春期の心得や情報社会を生き抜く条件、職業選択の指針など、人生における成功の秘訣を端的に示した「青春の書」。

将来、指導者となる
若き人たちへ

人生の王道を語る
いざ、黎明の時代へ

1,456円

時間の増やし方、指導者の条件など、自分を成長させる秘訣が語られる。学生の魂を激しく揺さぶった東大五月祭 特別講演も収録。

失敗パターンに
打ち勝つコツ

「幸福になれない」症候群
グッドバイ ネクラ人生

1,500円

自己顕示欲との葛藤、人の輪に溶け込めないなど、28の悩みに対し、幸福への処方箋を分かりやすく説いた「運命改善講座」。

※表示価格は本体価格(税別)です。

大川隆法 ベストセラーズ・人生の本当の意味を知る

愛と悟り、文明の変転、そして未来史――現代の聖典「基本三法」

法体系

太陽の法

エル・カンターレへの道

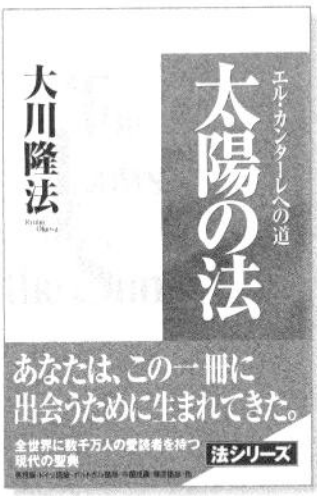

時間論

黄金の法

エル・カンターレの歴史観

空間論

永遠の法

エル・カンターレの世界観

各 2,000円

映画化決定!

仏陀の言葉が
胸に迫る

仏陀再誕

縁生の弟子たちへの
メッセージ

800 円

我、再誕す。すべての弟子たちよ、目覚めよ――。
二千五百年前、インドの地において説かれた釈迦の直説金口の説法が、現代に甦る。

〔携帯版〕

A6判変型・
ソフトカバー

あなたに幸福を、地球にユートピアを——
宗教法人「幸福の科学」は、
この世とあの世を貫く幸福を目指しています。

幸福の科学は、仏法真理《ぶっぽうしんり》に基づいて、まず自分自身が幸福になり、その幸福を、家庭に、地域に、国家に、そして世界に広げていくために創られた宗教です。

「愛とは与えるものである」「苦難・困難は魂を磨く砥石《といし》である」といった真理を知るだけでも、悩みや苦しみを解決する糸口がつかめ、幸福への一歩を踏み出すことができるでしょう。

この仏法真理を説かれている方が、大川隆法総裁です。かつてインドに釈尊《しゃくそん》として、ギリシャにヘルメスとして生まれ、人類を導かれてきた存在、主エル・カンターレが、現代の日本に下生《げしょう》され、救世の法を説かれているのです。

主を信じる人は、どなたでも、幸福の科学に入会することができます。あなたも幸福の科学に集い、ほんとうの幸福を見つけてみませんか。

幸福の科学の活動

● 全国および海外各地の精舎《しょうじゃ》、支部・拠点等において、大川隆法総裁の御法話拝聴会、反省・瞑想《めいそう》等の研修、祈願などを開催しています。

● 精舎は、日常の喧騒《けんそう》を離れた「聖なる空間」です。心を深く見つめることで、疲れた心身をリフレッシュすることができます。

● 支部・拠点は、あなたの町の「心の広場」です。さまざまな世代や職業の方が集まり、心の交流を行いながら、仏法真理を学んでいます。

幸福の科学入会のご案内

◆ 精舎、支部・拠点・布教所にて、入会式にのぞみます。入会された方には、経典《きょうてん》「入会版『正心法語《しょうしんほうご》』」が授与されます。

◆ お申し込み方法等については、最寄りの精舎、支部・拠点・布教所、または左記までお問い合わせください。

幸福の科学サービスセンター
TEL 03-5793-1727
受付時間　火～金：一〇時～二〇時
土・日：一〇時～一八時

大川隆法総裁の法話が掲載された、幸福の科学の小冊子（毎月１回発行）

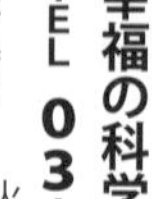

月刊「幸福の科学」
幸福の科学の
教えと活動がわかる
総合情報誌

「ヘルメス・エンゼルズ」
親子で読んで
いっしょに成長する
心の教育誌

「ザ・伝道」
幸福になる
心のスタイルを
提案

「ヤング・ブッダ」
学生・青年向け
ほんとうの自分
探究マガジン

幸福の科学の精舎、支部・拠点に用意しております。
詳細については下記の電話番号までお問い合わせください。

TEL 03-5793-1727

宗教法人 幸福の科学 ホームページ　**http://www.kofuku-no-kagaku.or.jp/**